曹操像　（後世の想像図）　アフロ提供

上右・上左：官渡の戦いのあった場所に建つ馬上の曹操像と戦いのレリーフ（河南省鄭州《ていしゅう》市《し》中牟県《ちゅうぼうけん》）　ユニフォトプレス提供

下左：赤壁の戦い　現在の湖北省咸寧《かんねい》市《し》赤壁市で208年に行われた曹操と孫権・劉備連合軍との戦いの様子(レリーフ)。(南京，東呉大帝孫権紀念館蔵)　ユニフォトプレス提供

下右：赤壁の戦いのさなか，軍令を発する曹操　(『三国故事』〔戴敦邦画，人民美術出版社〔中国〕，1980年〕より)

曹操の高陵　2010年，河南省安陽《あんよう》市《し》西高穴村《せいこうけつそん》で発掘された。上はそこに建てられた「曹操高陵展示厅」の外観，下はその内部。　アフロ提供

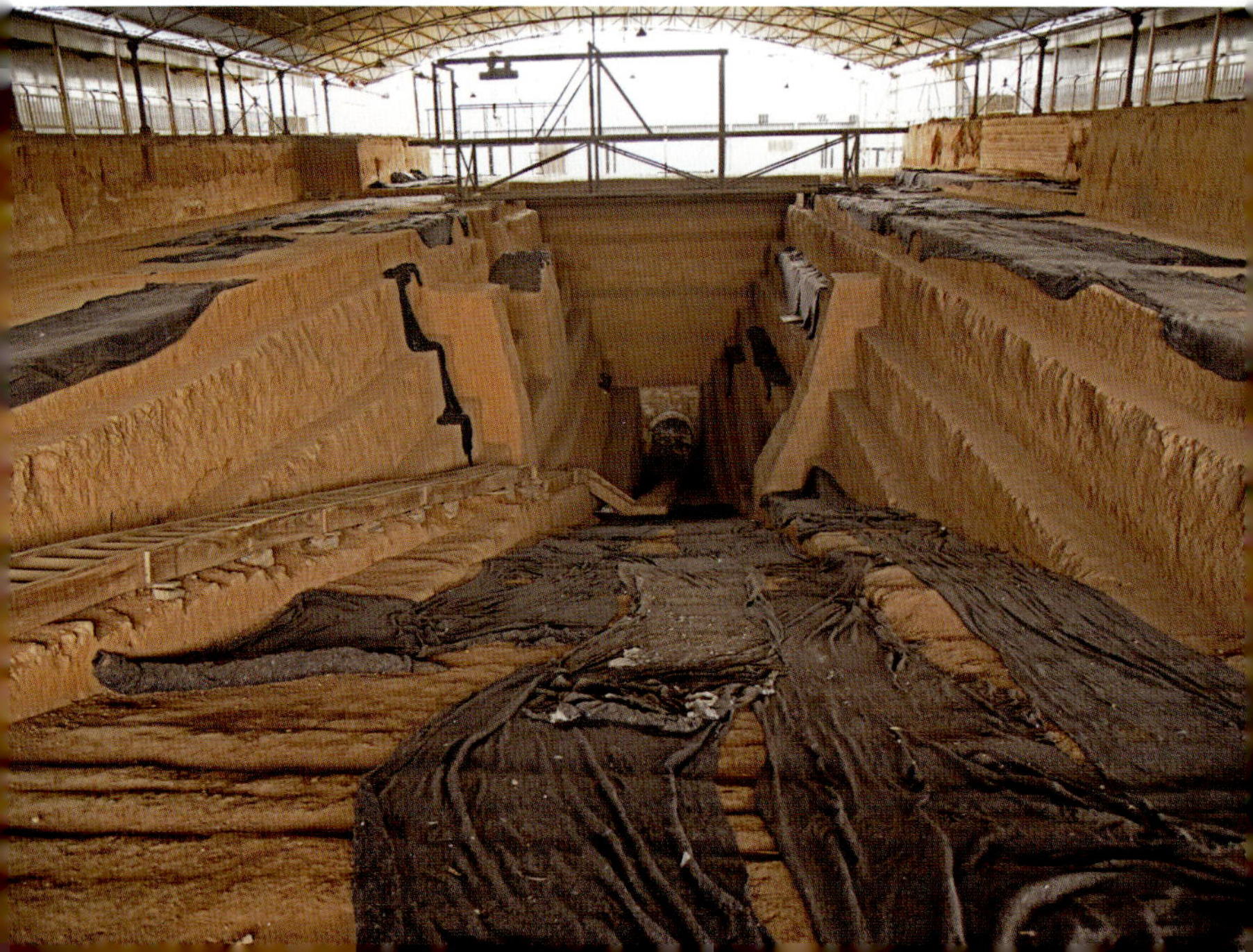

新・人と歴史 37

『三国志』の英雄 曹操

林田慎之助 著

SHIMIZUSHOIN

はじめに

四〇〇年もつづいた漢王朝が音をたてて崩壊したのは、秩序の内部腐蝕によるものであった。この漢代四〇〇年は、なかに王莽《おうもう》の乱を挟んでそれぞれほぼ二〇〇年の前漢と後漢とに区分される。そのなかで西暦前一四〇年にはじまる前漢の武帝以来の漢の王朝支配の秩序をささえてきたのは、儒教《じゅきょう》のイデオロギーである。おおづかみにいえば、儒教の基本的な理念は民本思想で、民衆を国の礎《いしずえ》とみて大事にする思想である。後漢末の政治は、この民本思想から限りなく遠くはずれて権力者の私物化とされた。民衆は常に収奪の対象であったが、ついに仁慈の対象とはならなかった。

私物化の先頭に立ったのは、皇帝権力であり、それと結託した外戚《がいせき》であり、宦官《かんがん》である。収奪の餌食《えじき》となった民衆は土地を離れて流浪化した。やがて新興宗教に救いを求めた民衆は、世直しの反乱を起こした。これが「黄巾《こうきん》の乱」である。

『三国志』の英雄たちは、この反乱の鎮圧者として、歴史舞台に登場してくるが、反乱の力学を、逆に自分たちの新しい国造りのエネルギーに利用したふしがある。曹操《そうそう》（一五五～二二〇）の場合は、おそらくはその典型といえるであろう。

総勢一〇〇万と称する黄巾軍の残党が、いまの山東省青州《せい》に集結し、そこからほど近い兗州《えん》に雲霞《うんか》のごとくおしよせてきた。いまだ後漢末の一群雄にしかすぎなかった曹操は、これを迎え撃って、苦戦のすえに、降伏に追いこんだ。かならずしも劣勢とはいえなかった青州の黄巾反乱軍が、曹操に降伏したのは、それなりの理由があった。

若き日の曹操の経歴のなかで、済南《せいなん》国の執政官であった時期がある。済南国にのりこんだ曹操は、さっそく中央の宦官と結んだその地方の悪徳官僚のほとんどを追放し、淫祠《いんし》を崩壊して悪の温床を取り除いている。

青州の黄巾軍の首領格は、曹操がこうした経験をもつ正義派の硬骨漢であることを知っていた。彼らが曹操に屈服したさい、こいつは信頼できる人物であるという前提認識が存在していたのである。

その前提に加えて、青州黄巾軍は条件を出した。黄老《こうろう》信仰の持続を保障すること、流民集団である反乱軍の家族に定着できる土地をあたえることなどが、おそらくは、その条件の内容であったと思われる。

曹操の側にも、条件があった。自軍をしばしば苦戦に追いつめた勇猛精悍《ゆうもうせいかん》な反乱軍の精鋭を、直属の軍団として取り込むことであった。

この交換条件で、双方の合意がなり立ち、いずれも勝者の曹操の側で実行に移され、成功を収めた。

「青州兵」が参加した曹魏軍団は、三〇万の軍勢にふくれあがり、強大となった。屯田《とんでん》制を施行して、そこに浮浪民を吸収した曹魏《そうぎ》政権は、飛躍的に生産高を上げ、曹操を中原《ちゅうげん》の覇者《はしゃ》にまでおしあげるだけの経済力を蓄えた。

戦乱につぐ戦乱のなかで流動人口が急増していた時期だけに、屯田制は有効に機能した。屯田に定着した浮浪民は、その土地を耕し、かつ守った。信仰の保障と家族の生活の安定を得た「青州兵」は、つねに曹魏軍団の先頭に立って、その戦いぶりは剽悍《ひょうかん》であった。これだけ取り上げてみても、曹操は時代を先取りできた英雄であったことが知れる。

曹操は宦官の家の子として生をうけている。祖父の曹騰《そうとう》（生没年不詳）は大宦官として巨財を積み、その養子となった父親は、莫大な金銭を投じて、太尉《たいい》（軍務大臣）の官位を買い取っている。典型的な宦官の家系である。彼は生まれながらにして宿命的なマイナスの烙印《らくいん》を背負っていたことになる。にもかかわらず、曹操は、後漢末の社会に腐敗の種をまきちらした宦官の「濁流《だくりゅう》」政治にくみすることは、いちどたりともなかった。それもより正しくいえば、その支配の実態をきびしく糾弾《きゅうだん》して、宦官から憎まれる標的となり、一時は官職を捨てて、故郷に身を潜めるしまつであった。この男の不思議な魅力について語るとすれば、この宿命的な烙印を逆手にとって、生きたところに帰着するであろう。逆境が、旧来のしきたりやモラルにとらわれずに、現実にクールに対応し、新しい発想でものごとをとらえ、考えることができる人格に仕立てあげたのである。

曹操は人材登用についても、革新的であり、現実に役立つ才能とみれば、どしどし取り上げて、その人物が過去に犯した反道徳的な行為については、不問とした。さらに留意すべきは、宦官の「濁流」支配に挑戦し、正義をかかげ、ついには壊滅においこまれた後漢末の「清《せい》流《りゅう》」派知識人と、その思想的後裔《こうえい》たちを積極的に取り上げ、魏の新しい国造りに活用したことであった。

おもしろいことに、戦いに明け暮れた曹操は、彼が敵にたいして優勢に立っているときは、たいてい手痛い敗北を喫し、彼が劣勢であるときには、苦戦のすえに勝利を掌中《しょうちゅう》にすることができた。このあたりも、逆境にめっぽう強い男の特質がきわだっている。

とにもかくにも、こうして華北中原の覇者にまでのぼりつめた曹操は、『三国志』の時代の風雲児といえるだろう。

中国近代文学の父であり、革命文学者であった魯迅《ろじん》（一八八一～一九三六）は、まことにすぐれた古典文学の研究者であった。

その彼がもっとも熱い関心を寄せたのが、魏晋《ぎしん》の時代ともよばれる三国の文学と思想であった。曹操父子を中心としたその時代の文学は、魯迅流にいえば、文学の自覚時代の所産であり、李白《りはく》（七〇一～七六二）が日ごろから敬慕してやまなかったほどの勁《つよ》さと美しさに輝いていた。

たしかに、この時代の文化に頂点に位置する人物といえば、曹操であり、曹操をぬきにしては、その時代の文学と思想は語れない。

曹操は蜀《しょく》の劉備《りゅうび》（一六一～二二三）、呉《ご》の孫権《そんけん》（一八二～二五二）とともに、三国鼎立《ていりつ》の状況を築いた英雄であったが、そのなかでも、三国時代という転換期にふさわしい役割を演じぬいた人物は、なんといっても、曹操、字《あざな》は、孟徳《もうとく》であった。

孫権が実戦派の武将であった呂蒙《りょもう》らに学問のすすめを行ったのは、有名な話である。呂蒙がそんな暇がないというと、孫権は、曹操をみろ、彼は老いてますます学問を好むという、おまえたちだけがつとめないでのほほんとしていていいはずはないぞと、きり返している。これで奮起した呂蒙は、のちに周瑜《しゅうゆ》・魯粛《ろしゅく》のあとをつぐ名軍師となって、孫権の信頼を一身に集めた。

「軍を統御すること三〇余年の間、手ずから書物を手放すことはなかった」（『三国志』魏書武帝紀）といわれるほどに曹操は勤勉であった。戦塵《せんじん》のなかにあっても、暇さえあれば読書に励む曹操の姿は誰もまねることはできなかった。そのことを遠く呉の地にあって孫権は伝え聞いていたのであろう。

曹操が学者としてすぐれた能力をもっていたのは、彼が注釈をほどこした『魏武帝註孫子《ぎぶていちゅうそんし》』が、今日までなお古典としての生命を失わないでいることで、知れるであろう。

揚子江《ようすこう》に大船団を浮かべ、その舳先《へさき》に立って赤壁《せきへき》の戦いに臨む曹操の勇姿を「槊《ほこ》を横たえて詩を賦《ふ》す」とうたったのは、北宋《ほくそう》（九六〇〜一一二七年）の詩人蘇東坡《そとうば》（一〇三六〜一一〇一）の「赤壁の賦」のひとこまであったが、後漢末に発生した五言詩型の民間歌謡に注目し、その様式をいかして内容にみがきをかけた曹操の詩には、乱世を憂うる悲愴美と、英雄らしい慷慨《こうがい》の気が張りつめていた。

曹操は学者としても、詩人としても秀抜であったが、ものの考え方においても、当時の常識的な思考の枠をはるかに超えていた。三国動乱のなかで浮浪する民衆の土地定着化をはかり、耕作しながら自衛にあたる、いわゆる屯田制を初めて大規模に国内に導入したのは、彼である。一芸一能にすぐれる者であれば、兄嫁を盗むような不心得者でも不孝者でもかまわないとして、従来官吏を登用するさいに基準として掲げられていた孝行とか廉直《れんちょく》だとかいった道徳的判断に立たず、現実に前向きに取り組む進取の精神に富む人材をたくさん集め、それらの才覚をいかして、野望を達成したのも彼である。

かかる合理的な現実主義の考え方を、遺言にまで貫いていて、自分の死後にのこした妓女《ぎじょ》と衣類の処置に言及するのみで、墳墓《ふんぼ》の規模・位置・副葬品などに強い関心を寄せる帝王覇者の常識から大きく逸脱していた。たとえば、漢の武帝は生前から長安《ちょうあん》の郊外にあたる茂陵《もりょう》という場所に、自分の巨大な墳墓を造り、その周辺に官僚たちを移住させ新しい街造りを始めている。死後の寂寞《せきばく》を恐れたからである。これに比べると曹操は、自分の墳墓について何の遺言ものこさなかったのは、盗掘を恐れたからだという説もあるが、それはともかくとして画期的な行為であった。一九七四年から七七年にかけて曹操の故郷安徽《あんき》省亳《はく》県の地において曹氏一族の墓が続々と発掘されたが、曹操が埋葬されたのは、この故郷ではない。二〇一〇年六月に、河南省安陽県安陽市安陽郷西高穴村《せいこうけっそん》から発掘された後漢末期の墓が曹操の高陵《こうりょう》と認定されている。副葬品は曹操の遺言どおり質素なものであった。

目次

Ⅱ

曹操の文学

※本書に掲載した挿絵は、すべて江戸時代に刊行された『絵本通俗三国志』（湖南文山筆、葛飾載斗画）によるものである。

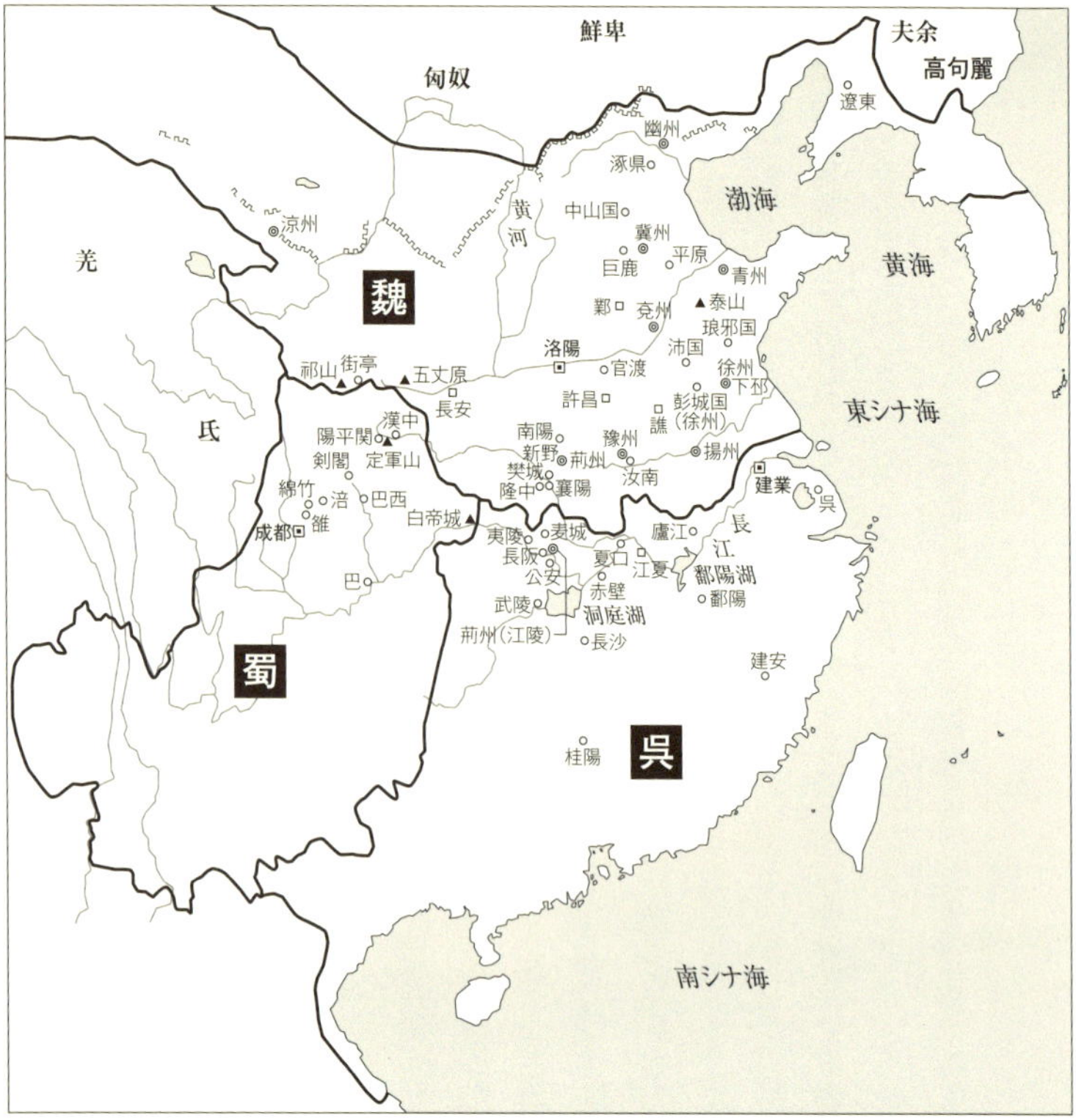
鮮卑
夫余
高句麗
匈奴
遼東
幽州
涿県
渤海
黄河
中山国
冀州
涼州
羌
巨鹿
平原
青州
黄海
魏
鄴
兗州
泰山
琅邪国
洛陽
沛国
徐州
下邳
祁山
街亭
五丈原
官渡
長安
許昌
彭城国（徐州）
譙
東シナ海
氐
漢中
陽平関
定軍山
南陽
豫州
剣閣
新野
荊州
揚州
樊城
汝南
建業
綿竹
涪
巴西
隆中
襄陽
呉
成都
雒
白帝城
夷陵
麦城
廬江
長江
長阪
夏口
江夏
公安
赤壁
鄱陽湖
鄱陽
巴
武陵
洞庭湖
荊州（江陵）
長沙
建安
蜀
桂陽
呉
南シナ海

曹操関係地図

I

曹操の生涯

一　悪玉視された曹操の実像

❖奸智にたけた悪玉

『三国志』の覇者、魏の曹操は、まことに魅力に富む人物である。非常なほどの冷酷さと激情に揺れるやさしさをあわせ持つ、その性格と行動が、一個の矛盾体として緊張をはらみ、人間曹操の魅力を構成する。

「槊《ほこ》を横たえて詩を賦《ふ》す」といわれた曹操は、第一級の武将であり、第一級の詩人でもあった。ところが、かく異彩を放つこのきわめて魅力的な人物は、中国でながい間、悪玉として憎まれ役を演じつづけてきた。

『三国志』に題材をとる京劇など中国の芝居は数多いが、曹操を演じる役者は、白い厚化粧で地塗りをしたうえに、細い黒線で隈取《くまど》りをほどこした嫌悪な面相で舞台に登場する。つまり、曹操は奸智《かんち》にたけた悪玉と相場がきまっているのだ。これはいまに始まった話ではない。

北宋の時代の文豪であった蘇東坡は、〈当時『三国志』の講談に熱心に耳を傾ける聴衆は、劉備が破れたとなると顔をしかめ、涙を流して悔しがるが、曹操が負けたとなると、一転して拍手喝采、小躍りして喜んだ〉と、『東坡志林』に書きつけている。

蘇東坡は、「赤壁の賦」をつくって、呉の孫権を討つために千里の間大船団を浮かべて長江を攻めくだる曹操の勇姿を「槊を横たえて詩を賦す」とたたえただけのことはあって、もちろん、『三国志』の講談に一喜一憂する民衆とはちがっていた。その話を書きつけたあとで、「いちど君子だ小人だときめつけられると、それはなかなかに打ち消しがたいものだ」と嘆いて、むしろ憎まれ役の曹操に同情さえよせている。

曹操

判官《ほうがん》源義経を奥羽まで追い込んで滅ぼした兄頼朝が、すぐれた覇者の器量を備えていたにもかかわらず、気の毒なほど憎まれ役に回っているのと同様に、『三国志』の芝居で赤い地塗りの隈取りで、善玉を演じるのは、きまって蜀の劉備であり、関羽《かんう》（?～二一九）であったのだから、『東坡志林』の講談現象は、むしろ中国全土で普遍的にみられる民衆の曹操観の常態であったと思われる。

そもそも、中国の大河小説なるものは、たとえば『西遊記』なり、『水滸伝』にしても、みな北宋時代の各地の盛り場で、語り継がれた講談や、そこで演じられてきた芝居の脚本が土台となって、いつしかそれらがつなぎ合わされ、一人のすぐれた文豪の手で整理されて長編小説となってきたものである。

盛り場に出入りする民衆の気持ちを率直に反映し、娯楽として俗受けをねらった講談であり、芝居の脚本であれば、これまた当然のこととして、中国の大河小説には、民衆の好き嫌いの感情が移入され、移植されてきたことになる。

❖『三国志演義』の曹操

明の時代に、羅貫中《らかんちゅう》（生没年不詳）によって集大成された小説『三国志演義』も、その例外ではなかった。

『三国志演義』の作者は、比較的に史実をふまえて『三国志』の歴史を展開することにつとめてはいるが、そこはやはり小説。三国のうち、前王朝の後漢を継ぐべき国として、劉備の蜀《しょく》漢《かん》帝国を正統とみなし、曹操はといえば、臣下の身でありながら主家の後漢王朝を乗っ取った、きわめて奸智にたけた悪玉に仕立てあげている。

劉備は苦心のすえに、蜀という辺境の地にようやくにして蜀漢帝国を築きあけたが、後漢王朝の都があった洛陽《らくよう》を中心とした、いわゆる中原の地は、魏の曹操に制圧されたままで、漢の王室の再興を志しながら、その中途にしてむなしく死んでいった悲劇の英雄である。彼を助けて奮闘した軍師の諸葛孔明《しょかつこうめい》（一八一～二三四）、豪傑の関羽・張飛《ちょうひ》（？～二二一）は超人的な知力と武勇を発揮して、いずれも非業《ひごう》の死を遂げていく。

民衆は悲劇の主人公に弱い。それゆえに判官びいきの性格は、いまもむかしも変わらない。しかも、貴種の正統性を尊ぶのも、どちらかといえば、知識人よりも庶民の感情である。

劉備はその姓が示すがごとく、いちおう漢の高祖劉邦《りゅうほう》（前二四七～前一九五）に始まる帝室の血統につらなる人物である。その高貴な種族である劉備が、いっこうに素性の分からぬ魏の曹操、呉の孫権に挟まれて、あまりうだつのあがらぬままに辺境の地に果てていったのが、民衆には哀れでたまらないのだ。それが曹操を憎むべき悪玉として、その典型化を加速的に進めてきたといえるであろう。その曹操悪玉説を決定づけたのは、なんといっても、小説『三国志演義』であった。

しかも、これくらい民衆に愛読された歴史小説はほかにない。魯迅の『小説旧聞鈔』によると、この小説は民衆の間だけでなく、広く知識人の間にも親しまれていたらしく、清朝の将軍が作戦会議の席上で、史書の『三国志』の故事を引いたつもりの戦略が、実は小説『三国志演義』のものであって、失笑を買ったという話が伝えられている。

南宋の朱熹《しゅき》（一一三〇〜一二〇〇）は、近世きっての哲学者であるが、その語録である『朱子語類』の詩文批評のくだりを読んでみると、曹操を盗賊呼ばわりしている。漢の王室を奪い取った盗賊だというのであるが、曹操の詩についてまで、経典から文句や故事を盗んで、自分の詩を飾っていると、これまたあしざまに非難している。

曹操が三国の覇者であるとともに、この時代における第一級の詩人であったことは、すでに述べたが、経典の字句や故事を詩に象眼《ぞうがん》するのは、曹操だけではない。典故は中国の詩人の作詩法である。曹操の詩についていえば、典故の象眼が彼自身のものになっていて、不自然ではない。にもかかわらず、朱熹が曹操を詩人としても盗賊呼ばわりするのは、おそらくは、劉備の蜀漢帝国を三国の正統王朝と考えて、それに仇《あだ》した曹操の政治的行動を憎み、その人間的行動を嫌っていたからであろう。だとすれば、知識人の曹操評価もまた、いくらかの理由づけが行われたにしても、民衆次元の曹操評価と五十歩百歩のちがいでしかなかったはずだ。

❖『世説新語』の曹操評価

曹操の悪玉論は、民衆庶民の意向だけではなかったのを教えてくれる古い時代の著書がある。東晋の時代、曹操がなくなってから、二〇〇年くらいしかたっていない時期に劉《りゅう》義慶《ぎけい》（四〇三〜四四四）が著した『世説新語《せせつしんご》』にいくつか曹操に関する逸話が記載されている。その逸話はどれをとっても曹操をすぐれた人物であったという評価につながるものではない。どこか悪がしこく非情な人物だということを印象づける話ばかりである。その一、二を紹介してみよう。『世説新語』の仮譎《かけつ》篇の話、仮譎とは仮も譎もいつわりだますという意味だから、曹操にはそういう性格があったとして彼を非難する逸話である。

曹操軍が行軍しているときに、水をきらしたことがあった。兵士たちはみな喉が渇き苦しんでいた。そこで曹操は触れをだして「この先に大きな梅林がある。甘酸っぱい実がたくさんなっているから、そこまで行けばおまえたちの渇きをいやすことができる」と告げた。これを聞いただけで兵士たちはつばきが自然に湧いてきた。こうして彼らはついにつぎの水源地までたどり着くことができた。

これは曹操の悪知恵ともいえるが、いいほうに働いているから仮譎篇に載せるほどの逸話ではあるまい。

つぎの話も『世説新語』に記載されている話ではある。曹操はかねがね、「私が寝ている間は、むやみに近寄ってはならぬ。近づけば斬る。眠っているのが気が付かないままに斬ってしまうのだ。くれぐれも気を付けるように」と語っていた。或る日曹操は眠ったふりをして横たわった。つねひごろ寵愛《ちょうあい》していた姫が、そっと布団をかけた。ところが、曹操はすかさず姫を斬り殺してしまった。それからというものは、曹操が寝ているときには誰一人近づく者はいなくなった。これは曹操がいかに非情酷薄な人物であったかを伝えようとした逸話である。

『世説新語』の作者劉義慶は、六朝《りくちょう》時代劉宋《りゅうそう》期の知識人であった。中国の知識人の曹操評価がおしなべて劉義慶や朱熹のように否定的評価におおわれていたわけではなかった。

❖『三国志』魏書の曹操

最初に曹操の伝記事績を『三国志』という史書のなかに、「魏書」武帝紀をもうけて記した陳寿《ちんじゅ》（二三三〜二九七）は、曹操、のちの魏の武帝のことを評して、つぎのように語っている。

漢末になると天下がおおいに乱れ、豪傑がいっせいに起ちあがった。そのなかにあって、袁紹《えんしょう》（?〜二〇二）は四州ににらみをきかせ、強大無敵であった。曹操は策略をめぐらし計画を立て、天下を鞭撻《べんたつ》し、申不害《しんふがい》・商鞅《しょうおう》の法術をものにし、韓信《かんしん》（?〜前一九六）・白《はく》起《き》の奇策を兼ね備えて、才能ある者には官職を授け、各人のもつ器量によって才能を発揮させ、自分の感情をおさえて冷静な算術に徹し、その人物のむかしの悪い行いにはこだわらなかった。かくして、ついに最高の権力を握り、大事業を達成したのは、ひとえに彼の明晰な構想力がすぐれていたからであった。曹操こそはそもそも非常の人物であり、時代を超越した英雄であるというべきである。

すでにこの陳寿の曹操批評のなかに、曹操が覇者たりえたいくつかの条件が出そろっている。申不害も商鞅も戦国乱世のすぐれた法家である。法術とは法家思想の実践である。儒家的理念にとらわれて事を処するのではなく、現実的にものを判断し処理していき、情に流されないで、いったんきめた法律はかならず厳守する。これが法家思想に立った覇者の態度である。奇策とは、たとえば韓信の「背水の陣」がそれである。敵の意表をつく奇略にたけることである。常識的な正攻法だけでは、覇者として戦いぬくことはできぬというのである。

しかも、天下に覇者たるべき最大の条件は、治者として天下の人々を鞭撻督励《べんたつとくれい》することができるだけの明晰な構想力をもち、その実現のために、しかるべき人材を縦横無尽に駆使できる器量をもたねばならぬ。才能に応じて適所に人材を配置し、おおいにその才覚を発揮させることを第一に考え、その人物の過去がどうであったかなどにこだわって、その才能を見誤ってはならぬ。総じていえば、覇者は天下制覇の目的達成に向かって、自分の感情をおさえ、つねに冷静な計算に徹しきらねばならないが、それができた器量人こそ曹操であったと陳寿はみたのである。

覇者の条件という観点からすれば、このほかさまざまあるであろうが、この陳寿の曹操評価にその基本的条件は出そろっているであろう。陳寿は彼の在世当時からすでに曹操にたいして投げかけられていた悪評嘖々《さくさく》たる俗論にくみすることなく、「非常の人物、時代を超越せる英傑」という評価を下したとき、三国時代の歴代的現実にそくしながらも、なお三国という時空を超えて、普遍的な覇者の条件がみごとに複合的な視点でとらえられていることに、感嘆せざるをえないのだ。

二　宦官の家の子として育って

❖曹氏の家系

曹操は宦官の出身である。祖父の騰《とう》が宦官であり、その養子の曹嵩《そうすう》の子が曹操であった。曹操という人間を考える場合、この出自が落とした影は大きい。彼が『三国志』の英傑として第一級の人物であることは、だれもが認めるところであるが、その英傑たる人物の条件に、世間から最も卑しまれ、さげすまれた宦官の家の子であったことが組み込まれていた事実を見過ごすわけにはいかないだろう。

『三国志』魏書の武帝紀には、

太祖皇帝は沛《はい》国譙《しょう》の人なり。姓は曹。諱《おくりな》は操、字《あざな》は孟徳《もうとく》。漢の相国曹参《そうさん》の後なり。桓《かん》帝《てい》の世、曹騰《そうとう》は中常侍・大長秋となり、費亭侯に封ぜらる。養子の嵩《すう》が嗣ぎ、官は大尉に至るも、能《よ》くその生出本末を審《つまび》らかにするなし。嵩は太祖（曹操）を生む。

とある。

曹氏の祖先とされる曹参は、漢の劉邦の挙兵以来の同志で、宰相として漢室創業の地固めに尽くした功臣である。しかし、これは事実ではない。そういうことにして、いかにも由緒ある家系のようにみせかけたにすぎない。

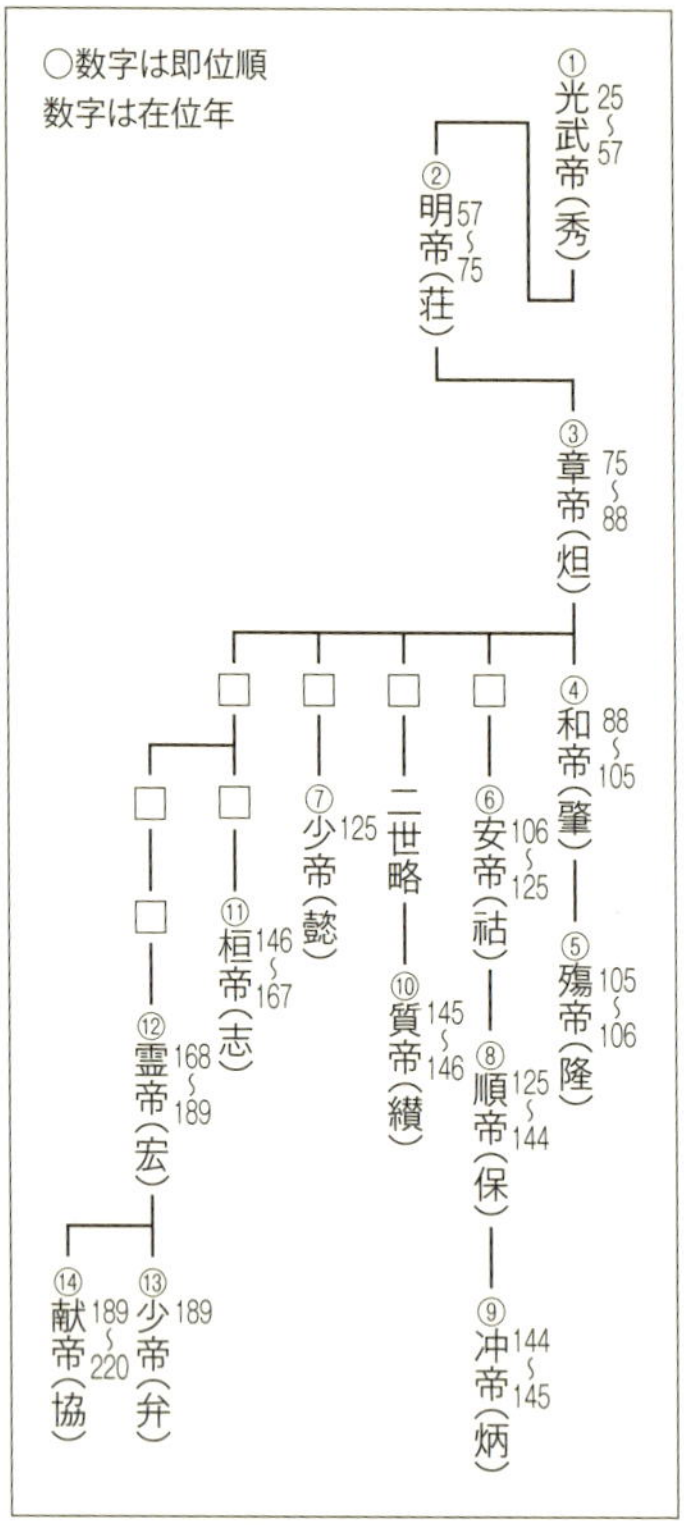

後漢皇帝略系図

曹騰は曹操の祖父である。彼は大長秋、つまり皇后侍従長の位に昇った。中常侍も宦官でなければ、就けぬ官職であった。少年のときから宦官となって出仕する道を選んだのだから、貧しい家の出であったが、年少ながらまじめで温厚な人柄が買われて、皇太子の学友に抜擢《ばってき》されたのが、出世のきっかけであった。

この皇太子が後漢王朝第八代の皇帝順帝《じゅんてい》である。順帝の寵愛《ちょうあい》をうけ、中常侍に昇進してから後宮取締役として、さしたる落ち度もなく役柄をこなし、宮中のなかでしだいに頭角を現し、

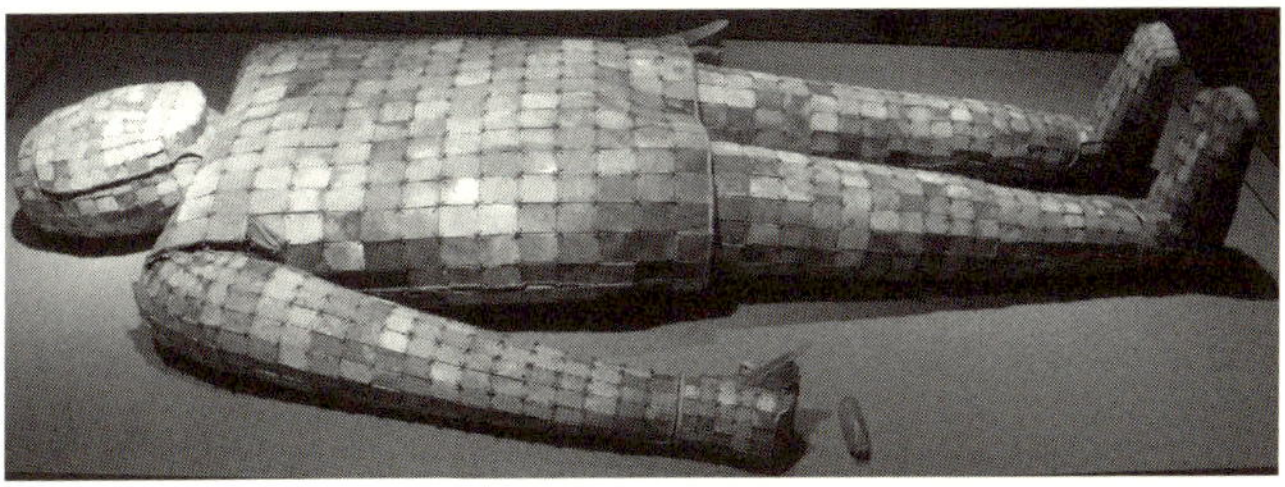

銀縷玉衣　中国安徽省出土。曹騰のものと推定される。
ユニフォトプレス提供

宦官がなりうる最高位の官職である大長秋を手に入れたのである。後漢王朝を内側から崩壊させたのは、外戚と宦官であった。彼らは無能な皇帝をほしいままに操って、私利私欲にふけり、政治の腐敗を招いたからである。曹騰はときには横暴な外戚と手を結び、ときには宦官の悪事に手を貸し、巧みに権謀術策《けんぼうじゅつさく》の渦巻く宮中を遊泳するしたたかさを身につけていた。彼の長所は、すぐれた人物を引き立てることが好きで、彼が推挙した人物のうち、陳留の虞放《ぐほう》、辺韶《へんしょう》、南陽の延固《えんこ》、張温《ちょうおん》、弘農《こうのう》の張奐《ちょうかん》、潁川《えいせん》の堂谿典《どうけいてん》らはみな高官に出世したが、いっさい恩着せがましい態度をとらなかったことである。

❖曹氏の墳墓群

六世紀の初頭、北魏《ほくぎ》の酈道元《れきどうげん》が著した『水経注』のなかに、現在の安徽《あんき》省の亳《はく》県、昔風にいえば、譙《しょう》の地方を流れる「隠溝水」のあたりに、曹氏の墳墓群があったと記されている。それによると、譙城の北に、「漢の故の中常侍長楽太僕特進費亭侯曹君之碑」と題して、これが曹騰の墓だということを記した石碑が建っていたという。

それから一四〇〇数十年を経て一九四四年から三年間かけて発掘されるこ

となる安徽省亳県の董園村一号墓から、死者に着せる玉片を銀糸でつづり合わせた「銀縷《ぎんる》玉衣《ぎょくい》」が出てきた。そこに、積みあげられた磚《かわら》には、「曹侯の為に璧を作る」と記されていたので、「銀縷玉衣」は、曹騰のものであったとみられている。「銀縷玉衣」は当時、王侯大貴族の死後の着衣である。これからしても、曹騰は宦官でありながら、王侯大貴族に匹敵する地位、それにふさわしい財力と勢力を安徽省の一帯に築きあげていたとみてよいであろう。

のちに費亭侯の爵位まで授かった曹騰の悩みのタネは、他の宦官同様に子無しにあった。曹操の父の嵩《すう》を養子にしたが、「その生出本末を審らかにせず」というように、嵩は素性のさっぱり知れぬ人物であった。養父の蓄えた莫大な金を投じて太尉の官職を買い取った。この嵩の子が曹操であった。

『三国志』魏書の武帝紀の記録はまちがっていないが、どちらかといえば表向きの記述である。じつは、これとは別に裏から曹氏の家系をとらえた人物がいる。陳琳《ちんりん》である。彼は、曹操と覇権を争った袁紹の配下に属していた文人であったので、敵の曹操をあざけった檄文《げきぶん》を書いたのである。その檄文は六朝の梁《りょう》の時代に編纂された詞華集『文選《もんぜん》』にとどめられたほどに名文であったが、そこには思いきり曹氏の家系にたいする侮蔑《ぶべつ》の情が凝縮されていた。

それによると、祖父の曹騰は、後漢王朝の宦官のなかでも、とりわけ悪名高い左官・徐璜《じょこう》とともに、朝廷に禍をもたらし、政治を乱したばかりか、人民を塗炭《とたん》の苦しみに陥れた宦官だとみなされている。

宦官の巨頭・曹騰のかかる行為を批判して、陳琳は「饕餮《とうてつ》放横す」と記しているが、饕餮とは、殷周《いんしゅう》時代から春秋戦国期にかけて、青銅器に刻画された悪鬼悪獣の文様である。人間世界に不幸をばらまく、忌むべき悪鬼悪獣が、しだいほうだいに我が物顔で横行しているさまを、宦官曹騰のふるまいにみたてたのである。

それに加えて、陳琳の筆は曹騰の養子、曹嵩《そうすう》に及び、彼は乞食の身から拾われて、曹騰に養われ、太尉の官位を金銀で買収し、ついに天下を傾けた人物となっている。

太尉は、今日の軍務大臣に相当し、一〇〇〇〇石の禄高で、丞相《じょうしょう》職の司空《しくう》・司徒《しと》とともに「三公」と称せられる顕官《けんかん》である。後漢末、霊帝《れいてい》が金欲しさに官職をたたき売りしたさいに、曹嵩が一億銭を投じて、太尉の職を買い取ったのは事実である。

だから、その子の曹操は、「贅閹《ぜいえん》の遺醜《いしゅう》なり」と、陳琳はあざけっている。

❖贅閹の遺醜

「贅閹」の贅とは、贅肉のように余分なものがくっついているかたちである。曹騰の養女のもとにくっついている婿養子の曹嵩がそれである。閹とは、閉ざすという意味で、精液が通る道が閉ざされた宦官曹騰がこれにあたる。この者たちがのこした醜悪のかたちが曹操だというのである。かかる遺醜の人物に、もとより善徳などあろうはずはなく、ただ、「乱を好み、禍を楽しむにすぎない」と、陳琳は曹操を罵倒した。

これでは、曹操が怒らぬほうがおかしい。袁紹軍を破った曹操は、さっそく捕虜にした陳琳をひきすえて、怒った。

「わしだけのことを書くのならまだしものこと、父、祖父まで溯ることがあるか」

しかし、曹操は陳琳を叱《しか》るだけ叱って、罵詈雑言《ばりぞうごん》の罪を許している。その名文の才を惜愛したからである。こうして陳琳は、曹操幕下《ばっか》の書記官となり、曹操のもとに集まってきた「建安《けんあん》の七子《しちし》」と称せられる文学集団の一人として、魏の文学を隆盛に導いている。

「贅閹の遺醜」とののしられた曹操は、生まれながらにして、マイナスの宿命を背負っていた。たとえ曹操がどれほどの学問を修め、すぐれた人格識見を備えていようと、またどれほどの兵法を修め、卓越した覇者としての器量と胆力を備えていようと、宦官の家の子であるという汚名は、打ち消しがたい烙印として、彼について回った。

曹操の風貌について、詳しくふれた記事はないが、彼がみすぼらしい体軀であったことは、『世説新語』の容止《ようし》篇がそれを知らせている。おそらくは、曹操が三国魏の覇者となった時期のことであろう。彼は匈奴《きょうど》の使者を引見した。曹操は遠来の使者に十分な威圧感をあたえねばならぬと思ったが、自分の容姿に自信がない。容止篇の漢文脈では、曹操は「自らおもえらく。形陋にして、遠国に雄たらず」となっている。陋とは、姿かたちがみすぼらしいことである。自分でそう思っている曹操は、これでは、王者の雄威さを匈奴の使者に誇示することはできないと考えたすえに、姿がよく、王者らしい風格をたたえている崔季圭《さいきけい》なる者を代役に立て、みずからは護衛役に回り、剣を手にして、玉座のかたわらに侍したという。

❖曹操の風采

『魏氏春秋』という書物によると、曹操は「姿貌《しぼう》短小なれど、神明英発す」とあるので、やはり背が低く風采《ふうさい》がいっこうにあがらなかったことになる。それでも輝くばかりの英明さは、かくせない。匈奴の使者のほうでも、玉座の代役よりも、護衛役のほうに英雄の相があるとみぬいていた。

短小とあるように、曹操の身長は七尺（一・六八メートル）。ちなみに、諸葛孔明《しょかつこうめい》は八尺（一・九三メートル）である。匈奴の使者に代役を立てて謁見《えっけん》したのは、姿貌短小な曹操の劣等感のなせるわざであった。

しかも、宦官の家の生まれであるというコンプレックスが加わっているのだから、曹操少年にまともであれというほうがおかしい。

『三国志』魏書の武帝紀は、

少《わか》くして機警権数ありて、任俠放蕩《ほうとう》にして行業を治めず。故に世人は未だこれを奇とせず。

と、記している。

権数、つまり権謀術策は、祖父のお家芸で、血はつながらなくとも、体にしみこんでいた。それによく機知が働いた。頭はさえているが、少年曹操は、鷹や犬の狩猟にうつつをぬかし、男だての世界に憧れ、放蕩のしほうだいで、いっこうに自分を顧みない。これでは、将来すぐれた一流の人物になるとは、世間の人々がだれも考えなかったのは、当然であった。

曹操の叔父も、その一人であった。彼の放蕩ぶりを見かねて、いちいち父親の嵩《すう》に言上におよんだ。そこで、曹操は一計を案じた。ある日、叔父に出会ったとき、偽って顔面をゆがめてみせた。叔父がどうしたのかと聞くと、こともあろうに、中風《ちゅうふう》にかかったという。さっそく、叔父がそのことを父親に告げたので、驚いた父親は曹操を呼び寄せてみたが、その顔に変わりがない。

「中風にかかったと聞いたが、よくなったのか」

こう聞かれて、曹操はすかさず答えた。

「はじめから中風なんてかかっていません。叔父さんは私を嫌っておいでなので、中風にかかっているなどと、中傷されたのです」

これからというものは、父親曹嵩は、叔父のことばを信じなくなり、曹操の放蕩は意のままになったという。このあたりは、曹操少年のマキャベリズムに、なにかと道義をふりまわす大人の側がしてやられたことになる。

袁紹

❖若き日の曹操と袁紹

曹操と同じ放蕩仲間に、袁紹《えんしょう》という貴族の少年がいた。都の洛陽に近い汝南《じょなん》郡汝陽《じょよう》の名門の出であった。のちの袁紹は、「姿貌威容あり」といわれているので、この二人の少年はまるっきり生まれも、姿かたちも異なっていたが、放蕩無頼の生活を送ることでは、共通していた。

この無頼派をきどっていた少年二人は、花嫁を強奪する計画を立て、結婚式があったばかりの家の庭に忍び込み、夜になるのを待って、「泥棒だあ」と大声をあげた。びっくりしてみんなが外に飛び出した隙をねらって、花嫁を短刀でおどし、さらって逃げたが、途中で袁紹少年が道をふみはずして、いばらの茂みに落ちこんでしまった。とげに囲まれて、袁紹は身動きが取れない。とっさに曹操が大声でさけんだ。「泥棒はここだぞ」。袁紹は大慌てにあわてて、痛いのも忘れて飛び出し、二人とも無事に逃げおおせた。

これは、『世説新語』の仮譎《かきつ》篇にみえる話で、人をだますことの上手な曹操少年の風貌を伝えることをねらったものだが、「泥棒はここだぞ」と叫んで、仲間の危機を救った少年曹操の機転はあっぱれであった。

危機に追い込まれたとき、奇略を用いて、それからの脱出をはかり、攻勢に転ずることができる才能は、覇者たりうる者の条件の一つであろう。その才覚を曹操は少年時代から備えていたことになる。

やはり曹操は恐るべき子供であったにちがいない。

宦官の家の子として生まれ、おまけに「姿貌短小」であった曹操は、若くして宿命に耐えねばならぬ悲哀を味わっていた。それだけに、人の心を読みとる術を本能的に心得ていた。しかも、このようなコンプレックスにうちひしがれるような脆弱《ぜいじゃく》な若者ではなかった。これを逆手にとって、乱世を遊泳する胆力と才覚を、いつの間にか身につけていた。これが知識人の家庭に育った子弟ならば、どうしても伝統だとか、習慣だとかにとらわれることになるが、曹操はそうはならなかった。言い換えれば、儒教的な教養の枠のなかで思考することも、その枠にとらわれて行動することもなかった。この曹操のものにとらわれぬ知恵が、乱世を生き抜くために、おおいに役立った。

こうしてみると、内なる毒は、やはり毒をもって制せねばならぬ。少年期の放蕩無頼な生活も、曹操が宦官の家の子として生まれ、しかも覇者たる存在にまで大きく成長していくためには、どうしても通らねばならぬ一つの通過儀礼であったのだ。

三　『孫子』に学んで智を磨く

❖『孫子』に学ぶ

放蕩無頼な少年時代を送った曹操は、二〇歳にさしかかるころになると、みちがえるような思慮深い青年に豹変《ひょうへん》した。もともと任侠の徒と交わり、武芸を学ぶことにはすこぶる熱心であったが、この時期には、だれも指一本触れられないほどに上達していた。なにか一つ、自信がもてる技を身につけることは、恐ろしい。自信が自信を生むからだ。

武芸に抜群の磨きをかけた曹操は、いつの間にか大の読書家に変身していた。

彼は、とりわけ兵法の書を好み、『孫子』を熟読玩味《がんみ》した。『孫子』は単なる兵法の書ではない。人間の心理を洞察し、賢明に人生を処していく方策を考えぬいた知者の書である。戦《いくさ》の場は人間の生死がかかる極限状況である。その極限状況で生かされる兵法の知恵が、平常の場で通用しないはずはない。人生は、おのれとの戦いであり、同時におのれをとりまく他者との戦いの場でもある。それを意識する人間に、『孫子』は多くの知恵をあたえてきた。

たとえば、『孫子』は「彼を知り、己を知らば、百戦して殆《あや》うからず」といっているが、敵を知ることだけで、人生の修羅場を乗り切ることはできない。おのれを知って、初めて敵を知ることができるし、修羅場の勝利者になることができるのだ。

よほど曹操は、『孫子』に魅せられていたのであろう。後にその一三篇にわたって、独自の注釈を加える作業にとりかかる。しかも、彼の『孫子』注釈本は、中国における最古の孫子注として今日まで伝承されてきた。そのことは、そのまま彼の学問的作業の質の高さを示してもいた。ことほどさように、曹操は『孫子』の書を愛読し、それを血肉となしたのである。この『孫子』との出会いは将来のある曹操にとって、決定的な意義をもつことになった。

当時、人物の目利きとして聞こえていた橋玄《きょうげん》という人が、青年曹操を見て、こう言った。


天下まさに乱れ、群雄虎争《こそう》す。初めてこれを理《おさ》むるは、君にあらずや。然れども、君は是れ乱世の英雄、治世の姦賊《かんぞく》なり（『世説新語』識鑑篇）。

乱世においては英雄であるが、治世においては姦賊だとは、うまいことを言ったものだ。時は曹操に味方した。

❖「孝廉」に選ばれる

孫盛《そんせい》の『異同雑語』によると、人物月旦《げったん》で有名であった許劭《きょしょう》のところに出かけた曹操が「私はどのような人物でしょう」と尋ねると、許劭は答えなかったが、あんまりしつこく尋ねるので、許劭は「君は治世の能臣、乱世の姦雄じゃ」と評したところ、曹操はおおいに笑ったという。それはともあれ、その後の曹操は、当時の官吏登用の典型的なコースであった「孝《こう》廉《れん》」に選ばれた。彼は、孝行者でも廉潔でもないのに、それに選ばれたのは、祖父や父の力がものをいったにちがいない。

実質はともかくとして、「孝廉」がたてまえとなっていた官吏候補生の推挙であった。官僚政治家を志す者はいちどはそこから船出せねばならないとすれば、わざわざそれに乗り遅れることもあるまい。「孝廉」に選ばれたときの曹操の気持ちは、ざっとこんなものであったであろう。

それからは、宮中の近習となり、まもなく首都北部の警備隊長になるという異例の出世ぶりであった。警備の任に就くと、曹操は五色の棒をつくらせ、都城門の左右にそれぞれ一〇余本ずつつりさげて、禁令を犯す者が出ると、どんなに権勢ある者でも、容赦なくその棒で殴り殺したので、夜間外出する者、禁令を破る者はなくなった。

その当時、外戚や大貴族、宦官が権勢を笠に着て、官界での出世を願う者から賄賂《わいろ》を取り付けていた。勢力のある者は、恨みを買う行為があっても、摘発されず、勢力のない者は、道義を守っていても陥れられる場合が多かった。このことを曹操は憎んで、再三上奏して諫言《かんげん》におよんだが、いっこうにその風紀は改まらなかった。それからというものは、曹操は二度と献策しなかったという。警備隊長から、いったん頓丘《とんきゅう》県の知事として都を出たが、ふたたび呼び戻されて、政府の建議官を拝命した曹操は、つねに病気にかこつけて出仕せず、ついに辞職して郷里に帰っている。名目ばかりの建議官制度の実態に、あいそを尽かしての隠居生活であった。

❖黄巾反乱軍を鎮圧

中平元《ちゅうへい》（一八四）年の二月に、黄巾《こうきん》の乱が起きた。曹操は三〇歳になったばかりであった。「太平道《たいへいどう》」と称する新興宗教の結社に属する信者四〇万が世直しを求めて立ちあがった反乱であった。彼らは頭に黄色い鉢巻きを締め、黄色の旗を押し立てて武器をとり、全国各地で蜂起した。当時、後漢の朝廷では、愚かなる皇帝を勝手放題いいように操る宦官と外戚が政治の実権を握り、私利私欲を図ることしか念頭になかった。いきおい政治は腐敗し、そのつけは農民に回ってきた。収奪と搾取の対象となった農民は、新興宗教の結社に救済を求め、たちまちそこに吸い寄せられていった。

黄巾の反乱軍は蜂起してからほぼ一〇日ばかりで、各地の官府を焼き払い、町から村へ、村から町へと、燎原《りょうげん》の火《ひ》のごとくかすめ去った。官府を失った地方長官は逃亡し、あなどりがたい黄巾軍の力を知って、都は騒然となった。

慌てた後漢政府は、霊帝《れいてい》の母の何《か》皇太后にとって兄である何進《かしん》を大将軍にすえ、都洛陽の警護にあたらせ、ついで皇甫嵩《こうほすう》を左中郎将に、朱儁《しゅしゅん》を右中郎将に任命、黄巾反乱軍の鎮圧に向かわせた。このとき、曹操もまた郷里から呼び戻されて、騎都尉、つまり近衛兵隊の司令官を拝命。皇甫嵩の指揮下に入り、都に近い潁川《えいせん》郡において黄巾反乱軍の鎮圧にあたった。これが、曹操にとっては、初めての実戦経験であった。鎮圧に成功した彼は、実戦部隊の指揮に自信を持った。

その功績で曹操は済南国の相、つまり執政官に昇進した。異例の出世である。ところが、そこに赴任してわかったことだが、十数の県を抱えた済南国の上層官僚はいずれも、都の外戚・宦官の顔色をうかがって、賄賂に明け暮れる始末。曹操は行政府に乗り込むと、さっそく賄賂官僚の八割がたを罷免し、政府の刷新を図った。この俊敏な措置に、地方官僚は震えあがった。こうしておいて、曹操は汚染されていた地方政界の改革にメスを入れた。その一例を挙げておこう。

❖俗信・慣習にとらわれず

この地方には、前漢時代から景王を祭る祠《ほこら》が六〇〇余もあった。仁愛に満ちた政治を行った景王をお祭りするというのは、表向きの理由で、じつはその裏で、悪徳商人がこの祠信仰をえさにして民衆から莫大な額の祭祀銭をまきあげていたのである。それでも賄賂漬けにされていた歴代の執政官は、あこぎな商人の祭祀銭稼ぎを見過ごしてきた。曹操はこれを見過ごさなかった。六〇〇余の祠のことごとくを破砕したのである。たしかに悪徳商人の手から、貧窮していた民衆を救うための非常手段であったとはいえ、祠は漢の帝室につながる者を祀ったものである。それを根こそぎ壊したのである。当時としては、ここまではなかなかできることではなかった。曹操はそれをやってのけた。たとえ、漢の帝室につながる者の祠であっても、現にそれが悪の温床となっていれば、容赦なくこれを取り除き、怪しげな鬼神を祭るいっさいの風習を根絶することに、曹操はつとめたのである。

こういうところにも、従来の俗信だとか、慣習などにとらわれずに、しかもたとえそれが権威あるものとつながっていても、これを果断に排除する曹操の政治的、思想的行動は、後漢末に悪徳宦官と徹底的に戦った「清流」派知識人の儒教的理念に通底するものであった。

翌年の中平四（一八七）年に、曹操は済南国にほど近い東郡の太守を拝命したが、病気を口実にこれを辞退して、さっさと郷里の譙《しょう》にひきこもっている。

済南国の相になってから、二年もたたずに東郡太守となるのは、これまた破格の出世であった。にもかかわらず、なぜ彼は、出世街道をそのまま進まずに、無位無官となってまで、隠退の道を選んだのか。これが青年期ならまだしも、三三歳の壮年期にさしかかったばかりの曹操である。常識では不可解でしかないところだが、そこは熟慮に富む曹操。目先の出世を考えるよりも、さらに先を読んでいた。

このときのことを、後年回想して、曹操はこう語っている。

済南国の執政官になったときには、官界の粛正《しゅくせい》を行って、公平に人事を進めた。しかし、その結果は、宦官の反感を買い、彼らを怒らせてしまった。これで家族の者たちがとばっちりを受けるのが心配で、わしは病気を口実に故郷に帰った。こうして官途を退いたが、年はまだ若かった。わしと同期に、孝廉《こうれん》に推挙された者を思い起こしてみても、なかには五〇歳になる者がいたが、それでもまだ老人とみなされなかった。そこで、これから隠退して二〇年たち、天下が清らかになるのを待ったとしても、同期に五〇歳で初めて孝廉に推挙された者と同じ年齢ではないかと、わしは考えたのだ。だから、郷里に帰り、譙から東に五〇里ばかり離れた土地に書斎をつくり、秋と夏は読書し、冬と春は狩猟をやるという生活を送ることにした。つまり、わしは低い土地を求め、泥水にもぐりこんで姿を隠す亀のように暮らし、世間と往来する望みを絶つつもりであった。

❖濁世を避け天下の清むを待つ

なるほど、ここには濁世《だくせい》をいったん避けて二〇年の先に天下の清《す》むを待つ、「待ち」の姿勢がある。賄賂《わいろ》官僚の粛正が宦官の恨みを買ったであろうことは、想像にあまりあるものがある。地方政治の腐敗の根元は中央官界の腐敗にあった。それを糾弾《きゅうだん》するにひとしい粛清をやってのけた曹操にたいして、黙って見過ごすような相手ではなかった。それでなくても、宦官の家の若造が異常な出世を遂げていくことに、心おだやかでない人間は彼の周囲にたくさんいたはずだ。彼らは機会があれば、足をすくって蹴落とそうと思っていたであろう。それを敏感に感じとっていたのは、だれよりも当の本人であった。そうした状況を熟慮しての隠退であった。

ここでは、いったん官界から身を引いておいて、その間、しっかりとみずからの智を読書で磨き、みずからの足腰を狩猟で鍛えておこうというのである。こうした考えは、単なる隠者の反俗的理念とは似て非なるものがある。かたちは隠退であるが、動機としては、曹操が述べたように現実的に差し迫った危機感があったからであろう。いたずらに肩を張って、つまらぬ人間どもを相手にして、悪しき時代の犠牲になることを避け、辛抱強く時機の到来を待つ守勢の構えが、そこにある。目先にちらついている出世に飛びつき、その欲望に目をくらまされることなく、二〇年先をみこしてじっくりと待つ守勢の構えである。結果論だといえばそれまでだが、これもまた曹操が覇者として成長していく過程を考える場合、見落とせぬ条件の一つであったとみるのは、あながち見当ちがいではあるまい。

曹操が郷里にひきこもっている間、都では暗愚な霊帝を退けて、新しい皇帝を擁立しようとするクーデターが画策されていた。曹操にもその謀議に参加するように誘いがかかったが、曹操は動かなかった。彼は綿密な革命の準備もなく、実際には皇帝の首のすげかえにのみ終わりかねないクーデターにたいしては、批判的であったのだ。

彼がみていたとおり、このクーデターは事前に謀議が漏れて失敗した。曹操の状況と事態の推移を冷静にみすえた守勢の構えは、ここでも功を奏したというべきであろう。

しかしながら、時代は急速に動きつつあった。世間はいつまでも曹操という有能な人材をそのまま野に放ってはおかなかった。ときに、中平五（一八八）年の夏八月、金城の韓遂《かんすい》らが総勢数万を超える兵を率いて反乱を起こした。天下は騒然としてきた。

曹操は朝廷から召されて、典軍校尉に任じられた。典軍校尉とは、「西園八校尉」といわれるもののなかの一校尉で、「濁流」派の宦官勢力が都を反乱軍の攻撃から守るため、従来、「濁流」派を糾弾してきた「清流」派の新進官僚の助けを借りるかたちで、あらたに設けた軍人司令職であった。曹操とともに、若き日に無頼放蕩の生活を送った名門出身の袁紹《えんしょう》もまたこのとき召されて、八校尉の一つである中軍校尉に任じられた。

宦官の家の子としてさげすまれてきた曹操は、いまや「清流」派の新進官僚とみなされ、あの袁紹と肩を並べることになったのだ。曹操にとって不足があろうはずはない。こんどばかりは、いち早く腰をあげた。曹操はふたたび中央官界に躍りでたのである。

ときに、曹操、三四歳の春を迎えたばかりであった。

四　軍閥打倒をめざして独自の挙兵

❖宦官の専制支配終わる

曹操が典軍校尉となった翌年に、霊帝が亡くなった。幼少の皇太子が即位したが、母の何《か》皇太后が政務の実権を握ることになった。皇太后の兄で大将軍の何進《かしん》は、この機会をとらえて、宦官勢力を朝廷から一掃しようとたくらみ、中軍校尉の袁紹に相談をもちかけた。袁紹には異存はなかったが、肝心の何皇太后が同意しない。何進は自信をなくし、獰猛《どうもう》で聞こえていた甘粛《かんしゅく》の軍閥董卓《とうたく》（?〜一九二）を都に呼び入れ、その軍事力で皇太后に圧力をかけることにしたが、この謀議はいちはやく宦官の知るところとなり、何進は宮中に参内《さんだい》したおりに殺されてしまった。

このままでは、わが身にも危険が迫るとみた袁紹はためらうことなく、麾下《きか》の近衛兵を動員して、宮殿に火を放ち、宦官とみれば老若を問わず捕らえては殺害し、その数二〇〇〇余名におよんだ。

かくして、後漢王朝を腐敗に導いた宦官の専制支配の時代は終わりを告げたが、このときの曹操の考え方は、何進や袁紹とはちがっていた。宦官に誅罰《ちゅうばつ》を加えねばならないならば、宦官の元凶だけを殺せばよいので、一人の獄卒がいれば十分である。まして外の力に頼んでまでして宦官を絶滅させることはあるまい。これが、曹操の意見であった。

この場合、彼が宦官の家の子であったから、宦官の滅亡に反対したのだと受けとめる歴史家もいるが、そうではあるまい。

何進が宦官を一掃しようとしたねらいは、自分を中心にした新たなる外戚支配を確立しようというところにあることは間違いない。それでは、後漢の腐敗堕落した政治の刷新にはつながらない。外戚が宦官に取って代わるだけで、濁流支配の本質に変わりはない。しかも、暴虐な野心家だという評価がある軍閥董卓の力を借りるようでは、いっそうの政治的混乱は免れない。これが、曹操の冷静な現実的判断であった。

董　卓

その後の事態は、曹操が恐れたとおりになってきた。宦官が宮廷内から一掃されたあとに、都に進入してきた董卓は、その年の九月に幼帝を廃立し、弟の陳留王劉協《りゅうきょう》を皇位に就けて献帝となし、それを背後から操って、いちはやく天下支配の実権を一手に握る態勢づくりに入っている。

そのときすでに司隷校尉、つまり警視総監となっていた袁紹は、幼帝廃立に反対して冀《き》州に向かって出奔した。董卓は追っ手をさしむけて袁紹を殺害しようとしたが、彼が名門袁氏の頭領であれば、これを始末しては、あとあと影響するところが大きいという周囲の意見を入れて、出奔《しゅっぽん》したはずの袁紹をあらたに渤海《ぼっかい》太守に任命している。

❖董卓に追われる

その代わりにと、董卓が目をつけたのが、典軍校尉の曹操であった。これには驍騎《ぎょうき》校尉つまり近衛騎兵隊司令の位をえさに、自分に協力させようと働きかけたが、曹操にははじめからその気はなかった。つかまってはたいへんだと、曹操は変名を使って都から脱出した。追っ手をかわすために、間道を伝い、故郷をめざしてひたすら東へ急いだ。

その途中で一つの事件が起こった。かねてからの知り合いである成皋《せいこう》の呂伯奢《りょはくしゃ》の家に立ち寄ったときのことである。主人の呂伯奢はたまたま外出中であった。五人の息子がそろって迎え、丁重にもてなした。ところが、そのときの曹操は董卓の追撃を恐れて過敏なほどに疑心暗鬼となっている。

曹操は、呂伯奢の家の者が、食器を出し入れする音を聞きちがえて、「武器で、おれを殺す気だ」と思った。そこでその夜、先手をうって家の者を殺してしまった。殺してから勘違いだと気づいたが、後の祭り。やがて曹操は、沈痛な面持ちで、「わしが他人を裏切ることがあっても、他人がわしを裏切るような真似はさせないぞ」と言い捨てて、立ち去って行った
この事件を、なぜか、歴史家陳寿《ちんじゅ》は『三国志』のなかで取り上げていない。これは六朝時代の裴松之《はいしょうし》が加えた『三国志』の注のなかに、引用された孫盛《そんせい》の『雑記』にもとづくものである。

この事件に関して他に二つの異説があるが、これも、『雑記』とならべて、裴松之は引用におよんでいるが、ここで、それらのいちいちを紹介する必要を認めない。

この事件を写して、この孫盛の記事は、いかに曹操が酷薄な人間であるかということを、強調しようとする作意において、最もきわだっている。それだけに曹操を突き放して描いているが、それにもかかわらず、曹操への否定的な作意がかえってそのときの追い詰められた逃亡者曹操の心の動きをとらえて、みごとに斬新である。

孫盛は、勘違いであったと気づいた曹操が沈痛な面持ちで「寧《むし》ろ我は人に負《そむ》くとも、人のわれに負くこと無からしめん」といって立ち去るところに、目的のために手段を選ばぬ者が、さ

らに自己を正当化するさいにみせる不遜なまでのふてぶてしさをとらえてみせたかったのであろう。はたして、曹操の台詞《せりふ》は、そう聞こえるであろうか。不遜なまでのふてぶてしさをだす効果をあげているであろうか。私にはそうは聞こえない。たとえ勘違いだったとはいえ、他人の好意を裏切る非情冷酷な人間と化してしまった事実を認め、悲痛な後悔のなかで弱気になりそうな自分に鞭打ち、なお乱世の修羅場を生きぬくために、心を鬼にしてかからねばならない人間の自家撞着《どうちゃく》したうめきにも似た台詞ではないか。

曹操を否定する作意が効果をあげるのは、そのアンチ・ヒューマンな行動を糾弾するさいにあるが、どうもそういう一筋縄の糾弾ではとらえがたい対象であり、憎しみの作意を尻目に、いかにも乱世の人間らしく、曹操が勝手に独り歩きしているところが、このエピソードのなかにもみえており、そこがたいへん私にはおもしろいのだ。

この事件の後、曹操は虎牢関《ころうかん》という関所を越えたところにある中牟《ちゅうぼう》という町で、逃亡者ではないかと疑われて、県の役所に拘留されている。このとき、すでに董卓の手配書が回っていたが、捕らえた者は曹操だとはまだ気づいていなかった。ただその役所の功曹《こうそう》、つまり助役だけが曹操だとみぬいて、「世まさに乱る。宜しく天下の雄儁《ゆうしゅん》を拘《とら》うべからず」と考え、県知事に進言して、曹操を釈放している。

いずれにしても、お尋ね者となった逃亡者曹操への董卓の詮議《せんぎ》は相当にきびしいものであって、同じ逃亡者とはいえ、名門の御曹司《おんぞうし》袁紹の扱い方に比べると、段違いであった。それをかいくぐって、曹操は故郷に向かう路をひたすら東へ急いだのだ。

かくして故郷の陳留郡の譙《しょう》（安徽《あんき》省亳《はく》県）にたどりついた曹操は、さっそく私財を投じて打倒董卓の義勇軍を組織している。

❖打倒董卓

たしかに朝廷内の宦官《かんがん》勢力は、袁紹によって一掃されたが、彼らが一族ともどもに地方で培ってきた経済的基盤はそのまま温存されていた。たとえば、曹操の祖父、大宦官曹騰《そうとう》がその権勢で引きあげた曹氏の一族は、こぞって中央政府の顕官、地方の大官となっている。曹騰の弟曹褒《そうほう》は潁川《えいせん》郡の太守に、その子の熾《し》は侍中に、曹騰の甥の曹鼎《そうてい》は尚書令に、同じく甥の曹瑜《そうゆ》は衛将軍になっており、曹操の父曹嵩《そうすう》も大司農、大鴻臚《だいこうろ》の顕職に就いていないながらも、なお三公職の太尉（軍務大臣）の官職を一億銭を投じて買い取るだけの経済力を持ち合わせていた。

さきにも触れたが、解放後の一九七四年から数年かけて、譙に散在する曹氏一族の墳墓を継続的に発掘調査した結果によると、そこから「銀縷玉衣《ぎんるぎょくい》」が出てきたという。このことだけでも、曹氏が王侯貴族に匹敵する経済力を蓄積していた事実を物語っていた。かくて曹騰の直系である曹操は挙兵にふみきったのである。

曹操の従兄弟《いとこ》の曹洪《そうこう》、曹純《そうじゅん》は、譙の地方では一、二を争うほどの豪門となっていて、それぞれの家に一〇〇〇余の兵を養っていたので、その手兵を引き連れて曹操のもとにさっそく馳せ参じた。陳留郡の名士、衛茲《えいじ》も家財を提供して曹操を援助したこともあり、曹操は五〇〇〇の兵を率いて董卓打倒の旗揚げをすることができた。

このとき挙兵の軍資金を援助したのが、衛茲で彼は後漢の「清流」派知識人でその名を知られていた郭泰《かくたい》の門下生であった。陳留に帰ってきた曹操をみて衛茲は意気投合して「天下を泰平にする者はかならずこの人物だ」といって挙兵の相談にのっている。衛茲はその後の滎陽《けいよう》で董卓軍に破れたときに戦死する。曹操は衛茲の献身的な協力を忘れることはなく、死後も彼を祀ることを欠かさなかったという。

曹操の起兵で注目すべきことがある。それは、董卓討伐を目的として、関東においていっせいに蜂起した群雄の一環としてであったが、群雄がみんな地方の長官職にあって漢帝国の地方軍を動員することができたのに対して、曹操は漢の軍隊に基盤をおかずに、自分の軍隊を独自の方法で形成できたことにある。

曹操の呼びかけに応じて集まった「反董卓」の諸将

❖武力集団の結集

このことは、すでに川勝義雄氏の論文「曹操軍団の形成」が指摘するところであるが、曹操は故郷に逃げ帰った白紙の状況で兵を起こしたのである。故郷の陳留で友人の張邈《ちょうばく》と故郷の名士衛茲の後援のもとに、家財を投じて義兵を集めたが、その中核になったのは、一族の曹洪、曹純や夏侯惇《かこうとん》らの私兵であって、文字どおり、民間の武力集団の結集であった。

そののち、黄巾鎮圧の過程で、しだいに群雄として頭角を現してきた曹操のもとに集まってきた豪勇の任峻《にんしゅん》、李《り》典《てん》、許褚《きょちょ》は、いずれも、それぞれの輩下に宗族、食客数千家をもって、私軍を組織していた。しかも、任俠的性格が強く、義のためなら死をもいとわぬという意識にささえられていたので、これらが曹操の軍団に参加することで、いよいよ強力となっていくのは当然であった。奴隷的支配のなかで、士気に緊張感を欠いていた既成の軍隊と、曹操軍団は起兵の当初からおおいにちがっていたのである。

この曹操の旗揚げに呼応して、初平《しょへい》元（一九〇）年の春正月、後将軍の袁術《えんじゅつ》（一五五〜一九九）、冀《き》州牧（長官）の韓馥《かんふく》、予州刺史の孔伷《こうちゅう》、兗《えん》州刺史の劉岱《りゅうたい》、河内《かだい》太守の王匡《おうきょう》、渤海《ぼっかい》太守の袁紹《えんしょう》、陳留太守の張邈、東郡太守の橋瑁《きょうぼう》、山陽太守の袁遺《えんい》、済北《さいほく》国の相（執務官）の鮑信《ほうしん》などこぞって打倒董卓の旗印を掲げて、それぞれ数万の軍勢を率いてたちあがり、河南《かなん》省の酸《さん》棗《そう》に結集して袁紹を盟主と仰いだ。もちろんのこと曹操もみずから奮武将軍と名乗って、その戦列に参加した。

ところが、この同盟軍は董卓の威勢に恐れをなして、先陣をきって洛陽に攻めのぼろうとする者はなかった。

その年の二月、董卓は太師となり、諸王侯の上位に立ち、献帝《けんてい》の事実上の教育者となった。董卓は周囲の反対を押し切って、洛陽の都に火を放ち、漢の皇室廟を盗掘するなどして荒らし回ったすえに、献帝を担いで、都を長安に遷した。袁術の配下にあった孫堅《そんけん》、のちの三国呉の覇者孫権の父が、洛陽に攻め上がってくるのを恐れたからである。その翌年の春二月に焼き払われた洛陽に一番乗りしたのは孫堅である。荒廃した陵墓を修復すると、孫堅はいったん魯陽《ろよう》に引き揚げた。

この董卓の動きをみて、曹操は反董卓連合軍の諸将に積極的に打って出る策を懸命に説いた。

「これは暴乱を懲らしめる正義の戦いです。こうして大軍勢の連合もできあがっているというのに、諸君はなにをいったいためらわれているのか。さきにもし董卓がわれら関東の軍勢にたいして、漢室の権威を借り、しかも守るに堅固な都の地勢によって、東に備えて天下に号令しておれば、いかに相手に無道な行いがあっても、こちらはうかつには手を出せなかったでしょう。ところが、董卓はいまこともあろうに宮室を焼き払い、天下をおびやかして長安に都を遷しました。これで天下は揺れ動き、どうなるかわからぬ状況。これこそ天が董卓を滅ぼす絶好の機会をあたえてくれたのです。戦えば一度で勝ちは決まる。このチャンスを逃がしてはなりませんぞ」

❖反董卓軍の敗走

しかしながら、この曹操の説得にだれも耳を傾けるものはいなかった。仕方なく曹操は五〇〇〇の手兵を率いて西進し、滎陽《けいよう》の汴水《べんすい》のほとりで、董卓の武将徐栄《じょえい》の大軍と遭遇したが、もののみごとに敗北を喫している。多数の死傷者を出したが、曹操も流れ矢を受けて愛馬を失った。従兄弟の曹洪《そうこう》（?～二三二）が、「天下に無かるべきも、君無かるべからず」といって馬を代わってくれたおかげで、ようやく闇にまぎれて落ち延びることができた。

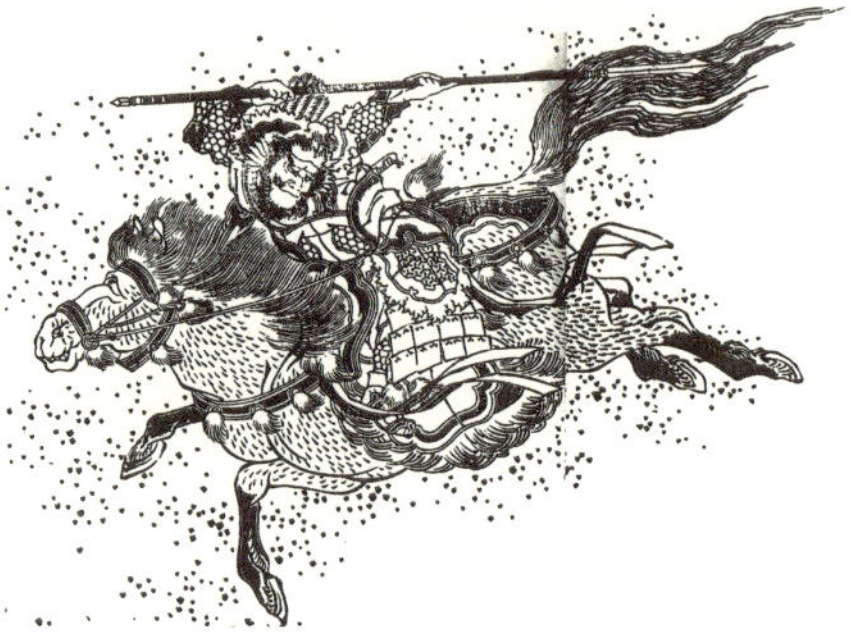

呂　布

曹操、あなたこそ天下になくてはならぬ人ですといって、馬を渡した曹洪は、闇にまぎれて逃げ延びている。曹洪がこのとき、曹操に渡した馬は「白鵠《はくこく》」という名馬で疾駆するとただ風の音が耳に鳴るばかりで、地面を強く踏んで駆ける足音が聞こえぬほどであったと、晋の王嘉《おうか》の『拾遺記』は伝えている。

曹操は敗走したが、多勢の董卓軍に無勢の曹操がひとり立ち向かっていった果敢な勇姿をみて、群雄は驚いたに違いない。このとき挙兵に協力を惜しまなかった衛茲《えいじ》が戦死したのだ。

曹操にとってはさんざんの敗戦だったが、相手の徐栄はわずかの兵でよく力戦した曹操軍から推し測って、関東の酸棗《さんそう》に集結する反董卓同盟軍は、なかなかに手強い相手だとみたてたという。

それでも、同盟軍の諸将は酒ばかり飲《くら》い、その麾下《きか》にある一〇万余の兵も日和見に徹して、酸棗から動こうとはしなかった。

盟主袁紹は、幽《ゆう》州牧、つまりその地の行政長官で、しかも漢室の一族である劉虞《りゅうぐ》を、献帝とは別に同盟軍の皇帝に祭りあげようと画策し、曹操にも働きかけたが、これに曹操は乗らなかった。結局劉虞が帝位に就くことを辞退したので、袁紹の思惑は外れた。

このときすでに曹操は、名門貴族出身の袁紹の腹のうちをみすかしていた。自分の傀儡《かいらい》となるべき皇帝擁立の画策には、すこぶる熱心であるが、当面する反董卓の戦略行動にはきわめて消極的である袁紹をまったく信頼するに値しない人物だと、見定めていた。

一方、董卓は長安遷都を境に、その人気も衰えていくばかり。初平三（一九二）年の四月に、董卓は宮中に盛装して参内《さんだい》したところを、信頼していた司徒の王允《おういん》に謀られ、それにくみした部下の呂布《りょふ》（?～一九八）の寝返りで、殺害されてしまった。

董卓殺害の知らせが、長安城内に流れると、宮廷の内外の士卒は万歳をとなえ、民衆は街路に出て歌い始め、婦人たちも宝石や衣装を売り、酒肉に換えて祝いあったと、『後漢書』の董卓伝は伝えている。

五　時代を描いて挽歌を詠ず

❖五言古詩の史詩

この時期のことを、曹操は詩史ともいうべき挽歌《ばんか》に仕立てて二首つくっている。「薤露《かいろ》」と「蒿里行《こうりこう》」と題する五言古詩の二篇がそれである。なかでも、「薤露」は「史詩」と称されるように、後漢末の乱脈せる政治の状況を歴史的時間の推移のなかでとらえようとしたものであるが、具体的な人物名が詠まれていないこともあって、従来難解な詩として不自然な解釈をほどこされているきらいがあるが、私なりに読み解けばこうである。

惟漢廿二世　　惟《こ》れ漢の廿二世
所任誠不良　　任《にん》ずる所は誠に良からず。
沐猴而冠帯　　沐猴《もっこう》にして冠帯《かんたい》し

知小而謀彊
猶予不敢断
因狩執君王
白虹為貫日
己亦先受殃
賊臣執国柄
殺主滅宇京
蕩覆帝基業
宗廟以燔喪
播越西遷移
号泣而且行
瞻彼洛城郭
微子為哀傷

知は小さくして謀は彊《つよ》し。
猶予《ゆうよ》して敢《あ》えて断ぜず
狩に因りて君王を執《と》る。
白虹《はっこう》は為《ため》に日を貫き
己《おのれ》亦た先ず殃《わざわい》を受く。
賊臣　国柄を執《と》り
主を殺して宇京《うきょう》を滅ぼす。
帝の基業を蕩覆《とうふく》し
宗廟は以て燔喪《はんそう》す。
播越《はえつ》して西に遷移《せんい》し
号泣して且《ゆ》き行く。
彼の洛城《らくじょう》の郭《かく》を瞻《み》れば
微子《びし》為《ため》に哀傷す。

漢の王朝が始まって二二世の天子が霊帝であるが彼が親任した宦官《かんがん》たちはじつに不徳の輩であった。

宦官たちは衣帯と冠をつけた猿同然であり
知恵がとぼしいのにはかりごとは大それていた。
霊帝は世継ぎをぐずぐずしてきめかねているうちに病没し
大将軍の何進《かしん》が身内を守って妹の何《か》后の産んだ劉辯《りゅうべん》を天子にすえた。
ために白虹が太陽を貫く不吉なきざしが現れ
何進がまず殺されることになった。
代わって賊臣董卓が国権を握り
少帝劉辯を殺して洛陽の都を壊滅させた。
これで漢の王朝の基礎は覆り
歴代天子の陵墓は焼き壊された。
洛陽の人々は流離して西のかた長安に移り
大声をあげて泣き叫びながらあるいていった。
かの洛陽の城郭をふりかえれば
殷の廃墟をみて涙した微子のごとくわたしの胸は痛む。

❖二曲の挽歌

後漢の崔豹《さいひょう》が著した『古今注』という書物をみると、「漢の武帝の時に、協律都尉の李延年《りえんねん》がもともと一曲二章であったものを二曲に分かち、薤露《かいろ》、蒿里《こうり》とし、柩《ひつぎ》を挽《ひ》くものにこれを歌わせたので、挽歌というようになった」とある。『文選《もんぜん》』に注した唐の李延年は「薤露」は王公貴族を送り、「蒿里」は士大夫、庶民を送る野辺送りの歌としたとしている。

この二曲の挽歌は、いまにのこっているので、紹介してみよう。

薤露歌

薤上露　　薤《にら》の上の露
何易晞　　何《なん》ぞ晞《かわ》き易《やす》し。
露晞　　露晞《かわ》くとも
明朝更復落　　明朝には更に復《ま》た落つ。
人死一去　　人死して一たび去らば
何時帰　　何《いず》れの時にか帰らん。

蒿里曲

蒿里誰家地
聚歛魂魄無賢愚
鬼伯一何相催促
人命不得少踟躕

蒿里《こうり》は誰が家の地ぞ
魂魄《こんぱく》を聚歛《しゅうれん》して賢愚無し。
鬼伯《きはく》は一《いつ》に何《なん》ぞ相催促《あいさいそく》すや
人命は少しも踟躕《ちちゅう》するを得《え》ず。

余冠英《よかんえい》の『楽府詩選』によると、蒿里の「蒿」の音は薨・槁と同じ音であるから、音通で同義語であろうとしている。そうすると、人間が死んだら枯槁《ここう》してしまうから、死者の魂魄が集まる地を「蒿里」といったのであろうか。それはともあれ、この二曲の葬送歌は簡頸《かんけい》な悲哀の美にあふれている。

曹操の挽歌は「薤露」「蒿里行」と題して、楽府体つまり民間の民謡体をとりながら、しかも、原題をそのままひきついでいるが、その内容は明らかな変容のあとがみられる。

曹操の「薤露」は、すでにみてきたように、人間の死のはかなさを歌い、その死を悲しむものではない。漢王室の崩壊を嘆き、その亡国に傾斜する原因とその現状を哀傷するのが、そのモチーフである。元来、王公貴族の出棺のさいにうたわれた挽歌は、曹操の「薤露」では、後漢王朝の葬送歌となり、亡国の悲哀に変容してしまっていた。

それでは、曹操のもう一つの挽歌、「蒿里行」はどうであろうか。

曹操の「蒿里行」は、董卓討伐のために関東、つまり函谷関《かんこくかん》以東の地で、群雄のなかの足並みがそろわず、袁術《えんじゅつ》が淮南《わいなん》で帝を僭称《せんしょう》し、北方では袁紹《えんしょう》が玉璽《ぎょくじ》をこしらえて他に天子を擁立しようとしたために、かえって混乱を生じ、庶民や兵士がその犠牲になっている様子を歌っている。

関東有義士
興兵討群凶
初期会盟津
乃心在咸陽
軍合力不斉
躊躇而雁行
勢利使人争
嗣還自相戕
淮南弟称号

関東に義士有り
兵を興《おこ》して群凶《ぐんきょう》を討つ。
初めは盟津《めいしん》に会するを期し
乃《なんじ》の心は咸陽《かんよう》に在り。
軍合するも力は斉《ととの》わず
躊躇《ちゅうちょ》して雁行す。
勢利人をして争わしめ
嗣《つ》いで還《ま》た自《おのずか》ら相戕《そこな》う。
淮南《わいなん》で弟は号を称し

刻璽於北方
鎧甲生蟣蝨
万姓以死亡
白骨露於野
千里無鶏鳴
生民百遺一
念之断人腸

璽《じ》を北方に刻む。
鎧甲《がいこう》には蟣蝨《きしつ》を生じ
万姓は以て死亡す。
白骨は野に露《さら》され
千里に鶏鳴《けいめい》無し。
生民は百に一を遺《のこ》すのみ
之を念《おも》えば人の腸を断《た》たしむ。

関東つまり函谷関の東には忠義の士たちがいて
兵を起こして群凶である薫卓の一味を討つことになった。
最初は盟津の地に集結して打って出る約束であり
忠義の士たちの志は咸陽にむけられていた。
ところが義軍もせっかく連合したものの足並みがそろわず
董卓に恐れをなしてかためらってばかりいて先を争って打って出ない。
そのうち連合義軍の諸将がたがいに勢力争いをはじめ
かえって殺しあう結果を招いた。

淮南において袁紹の従弟の袁術が帝号を僭称《せんしょう》し
袁紹は幽州牧の劉虞《りゅうぐ》を天子につけようとして勝手に北方で御璽《ぎょじ》を刻んだ。
かくして乱世はながきにわたり戦士の鎧甲にしらみがわき
万民は死に絶えた。
その白骨は野ざらしにされたままで
千里四方に鶏の声すら聞こえない。
生きのこれる民は百のうちの一にすぎず
これを思えば腸も断ち切られるようである。

この挽歌もまた「薤露」と同じ詩史ともいうべき主題の展開をみせている。当時の戦局の事情をうたいながら、戦乱のなかで犠牲にさらされている民衆兵士の悲惨な状況に詩人曹操の視点は移動している。その状況を痛哭《つうこく》するところへくるとあきらかに、後漢王朝の葬送歌であった「薤露」とのちがいが生じて、「蒿里行」は亡国動乱期のなかで、野に白骨をさらした民衆・兵士への葬送歌となっていた。

こうしてみる曹操もまた李延年《りえんねん》が王公貴人の葬送歌としての「薤露」と、士大夫・庶民の葬送歌としての「蒿里」を分けたように、曹操は後漢王朝の葬送歌として「薤露」を詠じて、民衆・兵士のための葬送歌として「蒿里行」をつくることに意識的であったといえるのであろう。都では、董卓の死で喜びにわきたっていたが、袁紹を盟主とする反董卓同盟軍はかえってその存在理由を失っていた。

❖群雄割拠

群雄の多くはそのときすでに、それぞれの根拠地に割拠《かっきょ》して、ふたたび勢いを盛り返してきた黄巾残党軍の対応に追われながら、強者は周辺の弱者を併呑《へいどん》して勢力を拡張し、ふたたび独自の行動をとるようになっていた。

公孫瓚《こうそんさん》は幽州で、袁術は南陽で、袁紹は冀《き》州で、孫堅の子の孫策《そんさく》は江南で、劉表は荊《けい》州で、張魯《ちょうろ》の「五斗米道」教国は現在の陝西《せんせい》の地で、劉璋《りゅうしょう》は巴蜀《はしょく》で、それぞれ天下の形勢をにらみながら、経済力をつけ、軍備の強化を図ることになる。のちに、三国時代の覇者となる劉備玄徳《げんとく》はといえば、友人の公孫瓚の援助で、山東省の一角をなす平原国の執政官となって、その地の守りを固めていた。

反董卓義勇軍を組織した当時の曹操は、数千の兵力しかもっていなかったが、初平二（一九一）年、濮陽《ぼくよう》で黒山《こくざん》の黄巾軍を打ち破り、友人袁紹の推薦で東郡太守王肱《おうこう》の救援依頼を受けると、数千の手兵を率いて、東郡（河北《かほく》省）の郡都濮陽《ぼくよう》城を包囲していた群がる黒山黄巾軍のなかに躍りこみ、これを攪乱《かくらん》して撃退した。

翌初平三（一九二）年の春四月には、青州、いまの山東省一帯を根城にしていた黄巾残党軍が兗《えん》州に侵入し、これを迎え討った兗州牧（長官）の劉岱《りゅうたい》が戦死した。この後釜に、黒山軍討伐で実力を示したばかりの曹操が迎えられた。彼にとっては、願ってもない飛躍のチャンスである。

❖青州黄巾軍を破る

兗州に入った曹操軍は、打って一丸となって、総勢一〇〇万と号した青州黄巾軍の攻撃にかかった。相手は数にまさるだけではなかった。長い反乱のなかで鍛えぬかれて、その戦いぶりはまことに精悍《せいかん》であった。曹操はいくどとなく苦境に追いこまれたが、そのたびごとに伏兵の奇略を用いて、互角の形勢にもちこんだ。苦戦のなかにあっても、曹操はつねに陣頭に立ち、賞罰を明らかにして、士気を鼓舞した。激戦死闘をくりかえしたすえに、ついに青州黄巾軍を済北、現在の山東省済南市のあたりまで追い詰めた。

黄巾軍は「黄老の宗教を従来どおり守っていく」という条件を、曹操に受諾させて降伏した。降った青州黄巾軍の実数は兵卒三〇余万、民衆男女合わせて一〇〇余万を数えた。

青州黄巾軍は敗れたりとはいえ、その果敢な戦いぶりは、曹操の度胆《どぎも》をぬくに十分なものがあった。これは使えるとふんだ曹操は、このうちから精鋭をよりすぐって、「青州兵」と名づけて新しい軍団を組織し、みずからの指揮下においた。他はことごとく土地をあたえて帰農させた。信仰と帰農生活の保障を得たこの「青州兵」はのちに曹操軍団の精鋭部隊となって各地に転戦することになるが、つねに軍団の先頭に立って、生命の危機をいとわず異常な苦難に耐えながら、曹操のために戦っていくことになる。

しかも「青州兵」を加えてからは、それまでどの群雄よりも見劣りのした曹操軍団は三〇余万の兵力を備えることとなり、いちはやく強力なものとなった。時に三八歳。いまや壮年期にさしかかった曹操の意気はおおいにあがった。このとき、曹操は東郡太守に兼ねて兗州牧となり、名実ともに覇業をめざす群雄の一人となったのである。

しかしながら、好敵手袁紹と中原の覇権を争う対決の機は、まだ熟してはいなかった。

六　群雄として自立した非情な挑戦

❖弔い合戦

曹操が兗《えん》州の長官になったころ、従兄弟どうしの袁紹と袁術《えんじゅつ》はたがいに離反し、険悪な仲となっていた。そこで袁術は北方の公孫瓚《こうそんさん》と手を結び、背後から袁紹をおびやかし、袁紹もまた荊《けい》州の劉表《りゅうひょう》（一四二～二〇八）、兗州の曹操と結んで、左右から袁術を挟みこむかたちで、圧迫した。

南陽を根拠地としていた袁術にとって、荊州の沃野は大事な食糧の補給地であっただけに、袁紹が劉表と同盟したのはたいへんな痛手であった。

初平四（一九三）年の春、たまりかねた袁術は、活路を求めて北上し、曹操のよる兗州に侵攻を開始したが、曹操に阻まれ、一敗地に塗《まみ》れると、たてつづけにおしまくられて、寿春《じゅしゅん》、現在の江西《こうせい》省九江《きゅうこう》県まで追い落とされてしまった。これは、曹操軍の大勝利であったが、袁

袁術

術の息の根を止めるところまで深追いせずに、兗州に引き揚げている。じつは、曹操の留守をついて、袁術と同盟関係にあった公孫瓚が、徐州牧の陶謙《とうけん》と平原国の執務官劉備を使って、背後から兗州をおびやかしたからである。

この年の秋、曹操は陶謙を討つべく、大軍をその根拠地徐州に進め、たちまち一〇余城を攻め落としたのち、彭城《ほうじょう》で陶謙軍と激突。ついにこれを敗北させた。この戦いで、陶謙側のおびただしい軍兵が殺されたばかりでなく、彭城の住民数万人が殺害され、その屍《しかばね》はことごとく泗水《しすい》に投げこまれた。このときのありさまを、『三国志』魏書の陶謙伝は、「死者は万をもって数う。泗水これがために流れず」と記している。

なぜこのような大虐殺を曹操はやってのけたのか。じつは、この戦いは曹操にとって父曹嵩《そうすう》のための弔い合戦であった。

曹嵩は、一億銭を投じて太尉の官を買い取ったあと、退官して故郷の譙《しょう》に帰って、隠居生活を送っていたが、董卓の兵乱を恐れて、山東省の琅邪《ろうや》郡に避難していた。これを知っていた陶謙は曹嵩の住み家を襲って、曹操の弟曹徳《そうとく》とともに、これを血祭りにあげたのである。そのとき、曹嵩は慌てて邸の裏手に回り、土塀に穴を開けて逃げようとして、まず愛妾《あいしょう》をくぐらせたが、太りすぎの彼女はからだを突っ込んだまま身動きがとれなくなってしまった。曹嵩はこれを見てまた邸に戻り、便所に身を隠したが、ついに引き出されて殺されてしまった。

これが曹操を怒らせ、その怒りが彭城の大虐殺につながったのである。いつの世にも、戦いのために悲惨な目に遭うのは、なんの罪もない民衆であるが、この大虐殺は目をおおう惨状だった。

曹操は、陶謙が徐州の郯城《たんじょう》に立てこもると、これを包囲して追撃の手をやめることはなかったが、年が明けて興平《こうへい》元(一九四)年、兵糧に欠乏を来して、やっとその囲いを解いて引き揚げている。曹操は父を殺した陶謙に対してよほど腹にすえかねていたとみえ、その年の初夏四月、ふたたび徐州めざして陶謙征討に出向いている。

❖張邈の謀反

ところが、こうして曹操が徐州を転戦している間に、容易ならぬ事態が、彼の本拠地兗《えん》州で起こったのである。彼が信頼していた友人の張邈《ちょうばく》と腹心の陳宮《ちんきゅう》が謀反を起こし、かつて董卓を殺した呂布《りょふ》を迎え入れ、曹操に代えて、これを兗州牧にすえたのである。これは、曹操がまるで予想だにしなかった裏切りであった。かつて「我は人に負《そむ》くとも、人の我に負くこと無からしめん」とうそぶいた曹操が、このときばかりはまんまと裏切られたのである。

曹操は初めて陶謙討伐に向かったとき、

「わしがもし帰ってこなかったら、孟卓《もうたく》のもとへ身を寄せるがよい」と、家族にいいのこした。孟卓とは張邈の字《あざな》である。それぐらい信頼しきっていた盟友だった。

張邈は東平郡寿張《じゅちょう》の人。若いときから男だてとしてならし、家財を投げうって、惜しむことなくこまっている者を救い、せっぱつまっている者を助けた。

そのためか、張邈の人気は上昇した。宦官の汚濁勢力に抗して正義を貫いた「清流」派知識人の一人として、尊敬される名士になっていた。当時、天下の人々はこの正義に生きる「清流派」の名士たちをランクづけして声援を送った。「三君」「八俊」「八顧」「八及」「八廚《はっちゅう》」と名づけ三五名の名士を選んで、敬慕しているが、張邈はその「八廚」のなかに挙げられていた。廚《ちゅう》とは、財で人を救う意味であった。これらの「清流派」の名士は宦官によって弾圧されて、その多くは死に追いこまれていくが、張邈は難を逃れて生きのこった。そののち董卓が洛陽に乗り込んで勢力を握ると、野に放逐《ほうちく》されていた「清流派」の名士をむりやりにひっぱりだして、重要な官職に就けている。そのとき張邈も騎都尉に任ぜられ、まもなく陳留太守として派遣され、その派遣先で反董卓の挙兵に参加するのである。

張邈は都で騎都尉をしているときに、袁紹《えんしょう》、曹操と親しく知り合う機会を持ったのであろう。袁紹は逆恨みして、曹操に張邈の暗殺を命じたが、曹操は袁紹をたしなめて、こういった。

「孟卓はかけがえのない親友だ。君こそ彼の忠告に耳を傾けたらどうか。いまは内輪もめをしている場合ではない」

これ以来、張邈は陳留太守であるにもかかわらず、曹操の片腕となって、行動をともにしてきたのである。

❖陳宮の裏切り

陳宮も旗揚げいらいの曹操の腹心の部下で、第二次陶謙征討のさいには、彼に留守部隊をあずけ、東郡に駐屯させるほどに、曹操は陳宮を信頼していた。

この二人が曹操を裏切ったのである。徐州でこの謀反《むほん》の知らせを受け取ったものの、曹操がにわかにそれを信じきれない様子だったのも当然のことであった。

小説本などでは、張邈と陳宮は、曹操の彭城《ほうじょう》大虐殺をみて、覇業を託すに足る人物ではないと見限ったというが、真偽のほどはわからない。陳宮が思慮深い参謀として、上に立つ覇者を思いのままに動かすには、曹操の器が大きすぎたのではないか。曹操の代わりに短慮な呂布を選んだところをみれば、それが陳宮の不満であったといえないこともあるまい。いずれにしても陳宮はこの時期、曹操にたいしてなんらかの不満を抱いていたことだけはまちがいないだろう。張邈の弟の張超《ちょうちょう》も曹操を憎んでいた。陳宮と張邈にけしかけた。

「陳留太守でありながら、曹操にあごで使われているとは、なんというざまです」

しかし、この三人が反乱を起こしても、曹操には歯が立たないことは、この三人がいちばんよく知っていた。そこで、たまたま兗州に近い河内《かだい》に来ていた勇猛で聞こえた将軍呂布を、兗州牧に担《かつ》ぎだすことにしたのだ。呂布は喜んでこれに応じると、三人と協力して、からっぽになっている兗州の各城をかたはしから攻めにかかった。

曹操は急ぎ徐州から兵を還した。わずかに、根拠地の鄄城《けんじょう》だけは、配下の荀彧《じゅんいく》と程昱《ていいく》の手で確保されていたし、范《はん》と東阿《とうあ》の二県はまだ謀反軍に侵略されないでのこっていた。これがせめてもの救いであった。

東郡の濮陽《ぼくよう》で、曹操は呂布と戦ったが、さすがは戦上手の呂布。騎兵を放って、曹操麾下《きか》の精悍な「青州兵」を攪乱《かくらん》した。曹操軍の陣形はたちまちにして崩れ、彼自身も馬から振り落とされて、呂布軍の騎兵に捕まった。ところが、その騎兵、いま捕まえているのが曹操とは気づかずに、

「曹操はどこだ」と聞いた。曹操はとっさに、

「あの赤毛の馬に乗ったのが、曹操だ」と指さした。

騎兵は曹操を放して、まっしぐらに赤毛の馬を追いかけた。ここでも、とっさの機転が曹操

の命を救った。

ようやくにして本営にたどり着いた曹操は、つとめて平静を装い、動揺している軍中を慰労して回った。このあたりは、覇者たらんとする者の器量である。そのうえで、あらためて攻め道具をつくらせ、ふたたび濮陽《ぼくよう》攻略にかかったのである。

攻防戦は一〇〇余日におよんだ。このとき蝗《いなご》が発生し、作物が食い荒らされて、両軍ともに兵糧が底をついた。休戦である。これがまた疲れ切っていた曹操軍に味方した。

この間に、徐州城では陶謙が病死し、劉備《りゅうび》が代わって徐州牧となり、覇業をめざす群雄として『三国志』の表舞台に初めて躍り出ることになったのである。

劉　備

翌年の興平二（一九五）年、曹操は呂布を追って定陶《ていとう》、鉅野《きょや》、東緡《とうびん》で戦い、勇猛ではあるが、知略に劣る呂布は敗走した。
呂布と陳宮は徐州の劉備のもとに逃れた。張《ちょう》邈《ばく》は袁術に救援を求めにいく途中で、部下の手にかかって殺害された。弟の張超《ちょうちょう》は雍宮城《ようきゅうじょう》に立てこもったが、曹操軍に包囲され、その年の暮れに落城の憂き目に遭い、自害してはてた。張邈の一族はここで皆殺しにされた。かくして、兗州全土はまた曹操の手に戻った。

❖荀彧と程昱

曹操は部下に恵まれていた。盟友の張邈と腹心の陳宮に裏切られはしたが、本拠地の鄄城《けんじょう》と、それに范《はん》と東阿《とうあ》の二城を固く守りぬいた知略の士がいた。荀彧《じゅんいく》と程昱《ていいく》である。

程昱（一四一〜二二〇）は字《あざな》を仲徳《ちゅうとく》といった。東郡東阿県の出身である。身長八尺三寸（二メートル）、あごと頬にみごとなひげを蓄えていた。黄巾の乱のさい、東阿県ではその副知事までが黄巾になびくありさまだったが、程昱は県城の東の丘に逃げていた官民を城内に呼び戻す知略を使い、彼らと一緒に城の守りを固めることに成功した。おかげで東阿は無事にすんだ。このことがあって程昱の東阿における人望は絶大なものとなった。

東阿県は兗州に属していた。青州の黄巾軍が兗州に攻め込んできたときに、兗州牧の劉岱《りゅうたい》が戦死した。新たに兗州牧となった曹操は、うわさの高い程昱を呼び寄せて語り合ってみた。なるほど評判にたがわぬ人物である。曹操は気に入って、即座に程昱を召し抱えた。曹操が徐州を討伐したさい、本拠地の鄄城の留守をまかせたのは、この程昱と荀彧であった。

張邈と陳宮が呂布と組んで反旗を翻すと、兗州の郡県はことごとくこれに呼応した。ただ鄄《けん》・范《はん》・東阿《とうあ》の三城だけは動揺しなかった。鄄城で荀彧が程昱に言った。

「いま、兗州は反旗が翻り、ただこの三城をあますのみとなった。三城に強い心の結びつきがなければ、陳宮の攻撃に遭遇すると、かならずや動揺するにちがいない。君は民に人望がある。帰って説得にあたってくれれば、大丈夫だ」

程昱はさっそく帰郷した。そのとき范城を守っていた県令靳允《きいん》はすでに呂布によって、母・兄・弟・妻子を捕らえられていた。程昱は懸命に説得した。

「曹操殿は不世出の知略をもち、天の申し子といえる人物です。君があくまで范を固守され、私が東阿を守りぬくことができれば、戦国時代の斉《せい》の名将、田単《でんたん》にも劣らぬ功績をたてることになりましょう。忠節に外れて悪事に荷担し、母子ともに滅ぶのと、どちらがよいでしょう。どうかとくとお考えください」

これで動揺していた靳允の気持ちはきまった。范城は守りぬかれた。

その足で、程昱は東阿に急いだ。東阿の県令、棗祇《そうし》はすでに官民を統率し、しっかりと城の守りを固めていた。程昱は鼓舞すればよかった。というより、東阿では人望の厚い程昱が来たというだけで、団結はいっそう強くなったというべきであろう。

こうして程昱と荀彧は三城を守りぬいて、曹操の帰還を待った。曹操は帰還すると、程昱の手をとって言った。

「君の力がなければ、わしは帰る場所がなかったところだ」

❖程昱の進言

その後、曹操は呂布と濮陽で戦い、蝗《いなご》が発生したので引き揚げたものの、さすがの彼も苦戦を強いられて、掃討に気弱になっていた。それを見計らうかのように、袁紹は曹操に援助をもちかけてきた。ただし条件がついていた。曹操の家族を袁紹の根拠地、鄴《ぎょう》に人質として移せというのである。兗州の回復もいまだおぼつかず、兵糧にも窮していた曹操は、その申し出を承知しようとした。これを知って程昱は曹操に目通りして、意見を述べた。

「ひそかに聞くところでは、将軍はご家族を移してまで、袁紹と手を握るおつもりか。しかとさようでありましょうか」

「そのとおりだ」

「考えますに、将軍はどうも気後れなされたようですな。そうでなければ、どうして深く思慮をめぐらせないのですか。袁紹は燕《えん》・趙《ちょう》の地を根拠として天下併合の野望を抱いてはいますが、知力は不十分です。そのような彼の下風に立つことができるとお思いになりますか。将軍は竜虎の勢威をおもちですのに、韓信《かんしん》や彭越《ほうえつ》のような臣下のまねをなされてよいものでしょうか。いま、兗《えん》州はたたかれたとはいえ、なお三城が存在し、戦に耐える兵も一万を下りません。将軍の神のごとき勇武があるうえに、荀彧《じゅんいく》や私などを味方として使われておられるからには、覇王の事業をきっと成就できましょう。願わくは将軍よ、あらためてこのことをとくとお考えください」

曹操は程昱の進言を聞き入れ、袁紹と手を結ぶことをやめた。もしこのとき、程昱の進言がなければ、曹操は家族の人質を盾にとった袁紹の思いのままに操られ、おそらくは袁紹と天下の覇業を懸けて、雌雄を決することは望めなかったであろう。

これから曹操は前にもまして程昱を重用した。程昱の性格は強情で他人と衝突することが多かった。ために彼が謀反を企てていると告げ口する者があったが、曹操の待遇はますます手厚かったというのは、『三国志』魏書の程昱伝の記事である。安郷侯の爵位に昇った程昱は、八〇歳で天寿を全うした。

七　天子の奉戴と屯田制の実施

❖献帝を奉じる

明けて建安《けんあん》元（一九六）年は、曹操にとって自分の運命を大きく飛躍させる、絶好の機会が訪れた年であった。

その前年のことになるが、都の長安では、諸将の内部抗争が起こり、それに嫌気がさした後漢の献帝は、旧都洛陽への脱出を企て、いったん河東《かとう》の安邑《あんゆう》に遷っていた。建安元年の七月、衛将軍の董承《とうしょう》、もと白波《はくは》軍の部将の韓暹《かんせん》・楊奉《ようほう》らは安邑《あんゆう》の献帝を奉じて、洛陽に帰還させた。

曹操は洛陽にみずから乗りこんだ。韓暹らは風をくらって遁走した。

洛陽は荒れはてていた。食糧を調達する商家もなければ、廷臣たちの住む家もないありさまだった。

もともと曹操は、献帝の動向に注目していた。機会があれば、天子を迎え入れたいと考えて

献　帝

いた。献帝が安邑に脱出したという情報に接して、彼は天子奉戴の機会があるとすれば、いまをおいてほかにないと判断した。

建安元年のいつかは、いまひとつ定かではないが、曹操は、群臣を集めて、天子を迎え入れたいのだが、如何なりやと諮った。

ところが、案に相違して、群臣はこぞって反対した。時機ではないというのである。やっと兗州を回復したばかりで、あまりに危険が多すぎるというのが、その反対の理由であった。

そうしたなかで、荀彧と程昱の二人だけは、積極的に天子奉戴を勧めた。

荀彧の意見はこうであった。

「かつて春秋時代に、晋《しん》の文公《ぶんこう》は周の襄王《じょうおう》を助けて都に戻れるようにしてさしあげました。その結果は影が物の形に沿うように、諸侯はみな臣従するようになったのです。また漢の劉邦《りゅうほう》も、東のかた項羽《こうう》を征討するさいに、項羽によって殺された義帝の死を悼んで喪服を身につけた結果、天下の人心は、劉邦に帰することになりました。いまようやく、天子の車駕《しゃが》は洛陽に向かわれましたが、そこは荒れはてて草ぼうぼうのありさまです。忠義の士はこれを見て、帝室の再興を考え、人民も昔のことを思って悲しみにくれております。まことに、この機会をとらえて、天子を奉戴して、人民の希望にそうことが、大いなる道理なのです。公平に徹して、雄傑を心服させるのが、大いなる知略なのです。正義にくみして、英俊を招くのが、大いなる徳義なのです。かくあれば、たとえ天下に反逆を志すものがおりましても、なんの災いも引き起こせないのは、明らかなこと。韓暹・楊奉などが邪魔立てできることではありません。もしも、この機会を逃していま決断されなかったならば、四方の俊傑がその気になったあとでは、どう手をうっても、もはや間に合わないでしょう」

こうして若き参謀荀彧は、曹操に決断を迫った。曹操も望むところである。即座に天子奉戴の議を決した。

❖八竜の一人荀彧

荀彧（一六三〜二一二）は、字《あざな》を文若《ぶんじゃく》といった。潁川《えいせん》郡潁陰《えいいん》の人である。祖父の荀淑《じゅんしゅく》は博学で品行高く、後漢末の宦官の濁流専制支配に抵抗した李固《りこ》・李膺《りよう》など「清流」派知識人と親しく交わり、世間に名を知られた人物であった。荀淑の息子は八人いたが、いずれもできがよく、荀氏の八竜とよばれていた。荀彧はこの八竜の一人で、済南《せいなん》国の相を務めた荀緄《じゅんこん》の子として生まれた。生まれながらにして、荀彧は、「清流」派知識人の流れをくむ儒学の名門に属していた。私利私欲を図らず、漢室の再興を志し、儒教理念を政治に反映させようというのが、

「清流」派知識人の思想であった。

若き日の荀彧を見て、「王佐の才有り」と評した者がいた。王者を補佐する才能があるとみたてたのである。

董卓《とうたく》の乱が起こると、潁川《えいせん》の地は危ないとみて、荀彧は一族を引き連れて、冀《き》州に逃れた。冀州牧の袁紹は彼を上賓の礼で遇したが、彼は袁紹を大事業を成し遂げる人物だとはみていなかったので、袁紹のもとを去り、奮武将軍を自称するだけの曹操のもとに身を寄せた。曹操は喜んだ。「濁流」とさげすまれた宦官の家の子である曹操の識見と器量をみこんで、誇り高い「清流」派の知識人がやって来たのである。曹操は、荀彧を漢の劉邦を助けて覇業をなさしめた智謀の士、張良《ちょうりょう》、字《あざな》は子房《しぼう》にたとえて、「わしの子房である」といって、うれしさを隠さなかったという。さっそく司馬（参謀）に取り立てられた荀彧は、そのとき二九歳であった。

荀彧はこれ以降、曹操が華北統一を進めていく過程で、最も貢献度の高い功臣となる。多数の俊賢を推輓《すいばん》し、曹操政権樹立の基礎を固めている。のちに曹操のもとで大官僚となる鍾《しょう》繇《よう》・陳羣《ちんぐん》らは、みな荀彧が曹操に薦めた人物である。この二人とも、荀彧の祖父荀淑とともに、潁川郡における清流派として鳴らした鍾皓《しょうこう》・陳寔《ちんしょく》の孫であった。これを例にとってみても、曹操政権の優秀な官僚は、後漢末の「清流」勢力を中核として形成されていたことが知れる。

この儒教的国家理念を抱いて、「濁流」に抗した名家出身の官僚群と、民間から発生して、みずからの郷村を守るために組織した武力集団の指揮者である程昱などの豪勇たちが曹操のもとで両輪となって華北統一を進める原動力となったのである。

誠にこの時に因り、主上を奉じて以て民望に従うは、大順なり。至公を秉《と》りて以て雄傑を服するは、大略なり。弘義を扶《たす》けて以て英俊を致すは、大徳なり（『三国志』魏書荀彧伝）。

これは献帝を迎え入れようとした荀彧の発言であるが、儒者の空論ではない。現実に右せんか左せんかの大事を決するために、時局の状況をしかとふまえての堂々の論議である。まさしく「清流」派知識人の嫡流たることを自覚する者でなければ、吐けぬ見解である。荀彧は、曹操に覇者たる者の器を発見し、あわせて彼に漢室の再建を懸けていたのである。

曹操にも、覇者としての自覚が存在していることが、このとき明らかに読みとれた。この覇者の自覚が先見の明につながってきた。覇者として天下に号令をかけるには、このまま群雄と肩を並べて、いつまでも抗争をくりかえしていてもだめである。天子を奉戴して、一馬身でもぬけなければ、熾烈な群雄割拠のレースに勝つことはできないのだ。これは覇者を明確に自分の射程距離に入れた者の発想である。

力衰えたりとはいえ、天子は天子である。もし天子を掌中に収めることができれば、曹操の号令は天子の命令となる。錦の御旗を掲げている以上は、これに刃向かうものは、朝敵であり、天子にたいする反逆者である。献帝は天子であるというだけで、なお十分に利用価値があったのだ。

❖先見の明

しかしながら、実際に天子を迎え入れる段階になると、事はそう簡単ではない。まず、天子だけでなく、廷臣と女官群の大移動がある。都らしく宮殿を整え、これを賄《まかな》っていかねばならない。それに天子が上に存在するからには、これをつねに立てて、上聞《じょうぶん》を仰がねばならぬ。そうした苦労と煩わしさが、天子奉戴にはかならずついて回ると考えてよい。

にもかかわらず、曹操には、そんな苦労や煩わしさよりも、天子奉戴のメリットのほうがはるかに大きいという認識に立っていた。これが先見の明である。

献帝が長安を脱出したと知った曹操は、いちはやく天子を迎え入れる意向を固めたものの、やっと兗《えん》州の回復がなったばかりで、なお前後に敵を受けているさなかである。曹操も決しかねたにちがいない。群臣に諮ったのは、曹操にいまひとつ決定打が欠けていたのだ。

このとき荀彧はみごとに、しかも的確に、曹操の意のあるところをくみながら、かねての

「清流」派知識人としてのおのれの持論を展開したのだ。これが決定打となった。あとは、曹操の決断と実行力が、覇者としての彼の運命を大きく開かせた。覇業をめざす曹操の積極的な姿勢が、このときもチャンスを確実にものにしたのである。

人間はだれしも、その運命を大きく左右するいくつかの曲がり角に出会うものである。右せんか左せんかと岐路に立って迷う時がある。そのとき、どちらかを選ぶことで、人間の運命はきまってくる。

しかも、人間には事なく平凡に生きていくことを望ましく思う習慣がある。無事におわれば、それで好しとする習慣である。曲がり角とは、従来の運命を変える機会であるのだが、無事を願う習慣は、またもと来た道に引き返すことで、時としてその人間を大きく飛躍させる絶好の機会さえ逃がしてしまうことがある。

たしかに、チャンスというものは、向こうからやって来るのを待つ姿勢では、それをつかむことはできない。積極的に生きていく姿勢があって、初めてものにすることができるのである。積極的に生きていく姿勢は、右せんか左せんかを自分の意思できめて、その決定に責任をもっていく生き方である。

人間の運命を大きく飛躍させるチャンスとは、そのような人間の上に輝く星の意味である。

❖袁紹の優柔不断

じつはこのとき、袁紹《えんしょう》にも天子を迎え入れたいという意向があったが、結局は臣下の賛否両論に分かれた議論のなかで、迷ったあげく消極的な態度になったのである。袁紹には群雄割拠の状況を乗り越える切り札を先取りする知謀が欠落していた。

『三国志』魏書の袁紹伝の注に引く「献帝伝」をみると、彼の参謀であった沮授《そじゅ》は、荀彧と同じ見解に立ち、袁紹の根拠地、鄴《ぎょう》を都として宮殿をおき。天子を擁して諸侯に号令をかけ、入朝しない者あらば討伐されよと進言したので、袁紹は喜び、その計にいったんは従おうとしたが、ついに袁紹はこれを採用することができなかったとある。もし天子を迎えて一つ一つの行動について上聞していれば、天子の意志に従ったときでも、権力が弱まり、これに背いたときにも、勅命を拒否したことになって、いずれも天子を抱えこむことは良策とはいえぬという反対意見に、袁紹が押されたからである。

つまるところ、袁紹は大事の岐路に立ち、岐路に泣いたのである。頭領たる者には、孤独な決断が必要である。天子奉戴に積極的にかかわる先見の明が袁紹に欠落していたがために、彼は孤独な決断が下せなかったのである。

曹操は袁紹とはちがっていた。かれは、洛陽付近の潁川《えいせん》・汝南《じょなん》にたちはだかる黄巾《こうきん》軍をもみつぶすと、建安元（一九六）年の秋九月に献帝を迎えて許城に都をおき、河南一帯を掌中に収めた。ために、中原《ちゅうげん》の地である関中は、ことごとく曹操に服したという。

こうなってはあとの祭り。袁紹はおのが不明を後悔して、天子を鄄城《けんじょう》に移して都にするように曹操に要求して、天子と内密に接近したいと願ったが、曹操はこの要求をきっぱりと拒否している。

献帝はすでに潁川・汝南の黄巾討伐の功で、曹操に鎮東将軍、費亭侯の称号を授けていたが、許に遷都すると、曹操を大将軍として武平侯に封じ、あわせて袁紹を太尉とした。袁紹は太尉（軍務大臣）となって大将軍の下風に立つことになったので憤慨した。このとき、曹操はあっさり大将軍の地位を袁紹に譲り、自分は太尉となっている。大将軍の名よりも、天子奉戴の実に、曹操は自信をもっていたからである。

建安元年は、おそらく、のちに覇業を遂げた曹操にとって忘れがたい記念すべき年となったにちがいない。天下奉戴の大義を掌中にしたことに加え、許県《きょけん》を手始めとしてしだいに関中一帯におよぼすかたちで、屯田制《とんでんせい》を施行している。最初にとりかかった許県だけでも、この一年のうちに百万斛《ごく》の収穫をあげ、天下取りに必要な経済的基盤を固めることができたからである。

❖屯田制の施行

曹操が呂布《りょふ》と濮陽《ぼくよう》で戦ったとき、蝗《いなご》の発生で飢饉が起こり、兵糧に窮して休戦したのは、自然の災害によるものであった。『三国志』魏書の武帝紀の注に引く『魏書』によれば、後漢末いらい引きつづく荒廃と動乱のなかで、食糧は不足し、いっせいに蜂起した群雄は、一年の食糧計画さえもちあわせなく、飢えれば略奪し、余れば捨て、敵なくして自滅するありさまだった。袁紹の軍兵は桑の実を頼りとし、袁術の軍人は蒲《がま》とはまぐりを取って補給したとも伝えている。人々はたがいに食い合い、郷村は荒廃するにまかせていた。

曹操にとっても、兵糧問題は天子奉戴にまして重要であった。戦が絶えることのない状況のなかで、食糧を確保しておくには、できるだけ農民を耕地に定着させることが必要であった。この問題を解決するために、曹操は積極的にならざるを得なかった。それがひいては、その後、曹操が築き上げる魏の国を維持発展させていくことにつながる重要な課題であったからである。

そこで施策として登場してきたのが屯田制であった。曹操は、かつて漢の武帝が西域の地方に屯田制をもちこみ、西域出兵を安定させた先例にならって、中原の地に思いきって屯田制を実施したのである。動乱のなかで長年、地主不在となっていた土地を公田となし、農民兵士に開墾させ、耕牛をもたない者には官牛を貸与して、その収穫の六割を納入させ、私牛を所有する者には、収穫の五割をおさめさせることとした。屯田制には、軍屯と民屯があり、軍屯は平時には農民として耕作に従事するが、いったん事ある時には兵士として従軍した。民屯は土地を失った流亡農民たちに農地を貸与して耕作にあたらせたものであった。

こうした屯田制を建議し、その具体的内容を考案したのは、かつて兗州が張邈と陳宮の反乱軍で危機にさらされたとき、東阿城を堅守したあの棗祗《そうし》であった。屯田校尉となった棗祗はいくどか試行錯誤をくりかえしながらも、熱心に屯田制のあり方を詰めていった。彼は典農中郎将の任峻《にんしゅん》と諮って、実施に移して、ついに曹操の期待どおりにこれを成功させたのである。屯田制は農業生産を飛躍的に増大させただけでなく、定着した農民は安心して領主の曹操との紐帯《ちゅうたい》をつよめ、主従関係をふかめていくことになった。

屯田成功の情報を聞きつけて、関中地方、とりわけ許県に集まってくる浮浪民を、曹操は受け入れて、あらたに支配下に入った土地に吸収し、田野の開墾にあたらせ、屯田制のなかに組み入れていった。

こうして、曹操は関中一帯に完全な自給自足の経済体制を確立し、いったん緩急あるときは、兵士として土地を自衛する訓練も怠らなかった。これによって中原地方の農業・経済は飛躍的に安定し、曹操は天下制覇の実現に向けて、大きく前進することができたのである。

八　劉備、曹操を頼る

❖曹昂を身代わりに

中原の覇者たらんとする面目を懸けて、曹操と袁紹が雌雄を決する官渡《かんと》の戦いは、建安五（二〇〇）年の二月に始まる。曹操が天子を擁して大義の旗を掲げ、屯田制を実施して豊かな経済的基盤をつくりあげてから、四年余の歳月しかかかっていない。この四年余の間に、曹操は中原の覇者への道をまっしぐらにかけのぼっていったのである。

建安二年、曹操は南陽郡宛《えん》県、いまの河南省である南陽市に兵馬を進めて、張繡《ちょうしゅう》を討った。張繡の兄の張済《ちょうさい》は董卓の残党であった。この兄弟は荊州の長官の劉表と結んでいた。劉表はさらに袁紹と通じていた。しかも宛県は曹操の根拠地である許城の南西に位置して近い。袁紹をたたくまえに、張繡を討っておかねば、背後をつかれるおそれがある。曹操の出兵まえに張済は死んでいた。弟の張繡は曹操に抗しがたいとみて降伏したが、曹操が未亡人の兄嫁の美貌にほれて、これを奪ったので、張繡が怒って、曹操の虚をつくかたちで反撃にでた。

この時、曹操は矢傷を負いながらもからくも難を逃れたが、近衛隊長で豪勇として鳴らしていた李典《りてん》が死をもって曹操を守り、長男の曹昂《そうこう》が乗馬を曹操に譲って助けたので、ようやく死線を脱出することができたのである。乱軍のなかにのこった曹昂は曹操の身代わりとなって戦死した。舞陰まで退いてからまた兵を整えて張繡を撃退したが、この戦いは明らかに大敗北だった。そのあとで、曹操はいった。

「いちどは張繡めを降参させたのに、人質をとらなかったばかりに、こんな目に遭った。敗因は自分で分かっている。諸君たちよ、みていてくれ。これからは二度と負けないぞ」

敗北をはっきり認めることも英雄たるものの条件である。そこから敗因を知ることで、新しい戦略を生みだすことができるからである。しかし、曹操にとってこの敗因は大きな打撃であった。側近の豪勇を失い、長男を身代わりにたてたからである。曹昂の母、つまり曹操の第一夫人丁氏《ていし》とは、このことで、すっかり冷えた間柄となり、まもなく曹操は離婚している。

その間、建安二年には、寿春による袁術が帝号を僭称した。

❖呂布、曹操の軍門に降る

かつて袁州で張邈と陳宮が反乱を起こしたさい、袁州牧に担ぎだされて曹操と戦い、敗北して、徐州の劉備《りゅうび》のところに身をよせていた呂布《りょふ》は、こんどは袁術と示し合わせて、恩義を仇で返して沛城《はいじょう》による劉備を攻撃した。沛城は落ち、妻子まで呂布に捕らえられた劉備は、曹操を頼って逃げた。翌建安三年のできごとである。

兗州の恨みはまだ晴らしてはいない。これ以上呂布をのさばらしてはいけない。劉備の沛城が落ちた翌月の一〇月、曹操はみずから軍を率いて呂布討伐に向かった。当然、劉備もこれに従った。

曹操は呂布のよる下邳《かひ》城《じょう》を包囲してはげしく攻め立てた。呂布と陳宮は袁術の援軍到来をあてにして、下邳城の守りを固めて打って出ない。曹操は水攻めの計に出た。泗水《しすい》・沂水《ぎすい》の堤防を決壊させ、その水を引いて、下邳城下の堀に流しこみ、孤立に追いこんだ。呂布があてにしていた袁術の援軍は三か月を過ぎても現れず、ついに呂布は陳宮とともに、曹操の軍門に降った。

呂布はがんじがらめに縛られて曹操のまえに引き据えられた。

「縄目がきつい。少し緩めてくれ」

曹操は言った。

「虎を縛っているのだ。きつくして当然だ」

そこで呂布はこう願い出た。

「貴公が気がかりだったのは、この呂布だけだったはず。それが降服したからには、もはやこの天下に心配のタネはありますまい。貴公が歩兵を率い、このわしに騎兵の指揮をおまかせあれば、労せずして天下は定まりますぞ」

曹操の顔に迷いの色が表れた。それを見てとった劉備が進み出て、いった。

「曹操殿、呂布がかつて丁原《ていげん》と董卓にどんな仕え方をしたか、よもやお忘れではありますまい」

曹操はうなずいた。丁原も董卓もかつて呂布が仕えた主人である。二人とも呂布の手にかかって殺されていた。呂布はついに縊《くび》り殺された。

❖陳宮の最期

陳宮《ちんきゅう》(?~一九八)も引き立てられていた。反旗を翻した張本人ではあるが、曹操の旗揚げいらい、苦労をともにした腹心でもあった。剛直で知略にもたけていた。曹操はこのまま呂布といっしょに殺すにはしのびない気持ちがあった。

「おまえは、日ごろから、ありあまる知略を自慢していたのに、いまはまたなんというざまだ」

陳宮は呂布を振り返って、指さしていった。

「ただこの男が、わしのいうことを聞かなかったばかりに、こうなってしまったのだ。そうでなかったら、捕らえられはしなかったものを」

曹操は笑いながら、

「さて、いまはどうして始末をつけようぞ」

「臣として不忠、子として不幸をしでかしたのだから、殺されてあたりまえです」

「おまえはそれでよいとして、年老いた母御はどうなる」

「孝の倫理で天下を治める者は、人の親を損なわないと聞いております。老母の命はあなたにお預けします」

「おまえの妻子はどうなる」

「仁政を天下に施す者は、人の家の祀りを絶やさないと聞いております。妻子の命はあなたにおあずけします」

これにたいした曹操がいまだことばを継がないうちに、

「どうか、わたくしめを引き出して殺し、軍法を明らかになさるがよい」

曹操を辱かしめる張遼

かく言い放つと、陳宮はそのまま外の刑場に向かって走り去った。

もはや、曹操にはこれを引き止めるすべはなかった。曹操は泣いて見送ったが、陳宮は二度と振り返ることはなかった。陳宮が刑場の露と消えた後、曹操は彼の一家を前にもまして手厚く遇したという。

曹操の起兵いらいの腹心ともいうべき陳宮は、曹操に反逆して死んでいったが、このとき呂布の腹心であった張遼《ちょうりょう》、臧覇《ぞうは》といった名将を曹操は許して味方につけることができた。

張遼は武力に卓越し、臧覇は勇壮をもって天下に聞こえていた。いずれも任侠的性格の強い豪勇で、これを慕う数千の兵衆がそのまま曹操軍団に参加することになった。プラスは大きい。

曹操は法に厳しい一面、すぐれた人材とみれば、たとえ自分に反逆した者でも、これを許し、高い地位に就けて厚遇する深い度量をもちあわせていた。この覇者の度量が華北統一を可能にしたのである。

かつて陳宮が張邈《ちょうばく》と兗州《えんしゅう》で背いたとき、その知らせを受けて、曹操がいった。

「あの魏种《ぎちゅう》だけはおれを見捨てぬであろう」

魏种は曹操が孝廉（官吏候補生）に推挙した人物であったからである。ところが、魏种は敵方について逃亡していた。曹操は激怒して彼を憎んだ。

「魏种よ、南方の越《えつ》か、北方の胡《こ》まで逃げないかぎり、おまえをそのままでおかないぞ」

そのうち魏种は生け捕られたが、曹操はその戒具を解いて起用している。魏种の才能を高くかっていたからである。のちに魏种を河内《かだい》の太守に取り立て、河北《かほく》の軍政をゆだねた。曹操が人物の器量を愛することは、じつにこのようであった。

❖劉備、曹操の幕下となる

呂布を滅ぼした曹操は、劉備を左将軍に任命した。徐州の半ばは曹操に帰属し、劉備はまだ城のない流浪の将軍として、曹操の幕下に入ったが、漢室の末裔というにふさわしい器量の大きさがどことなく備わっていて、人の心をとらえる人間的な魅力があった。しかも、その眸《ひとみ》には、傾いた漢室を再興して天下に大義を樹立しようとする志が輝いていた。

あの眸の輝きは、ただものでないと、曹操は劉備にひかれた。宴席や会議のさいには、自分の横に席をとって劉備を座らせ、外出するさいには、自分の車駕《しゃが》に同乗させて親しい弟分のように扱った。

曹操の面前、箸を落としたのは雷鳴のためとして
曹操への謀りごとを糊塗する劉備

建安四（一九九）年のこと、曹操は劉備を総大将として、袁術討伐軍を徐州に向けて進発させた。寿春で孤立無援の状態におかれた袁術が、従兄弟の袁紹と和解し、そのもとにおもむくために、徐州を通って北上するというのである。天子を擁して錦の御旗を奉ずる曹操にとって、皇帝を僭号する袁術の存在は、そのまま放ってはおけなかった。ところが、この袁術、寿春を北上すること八〇里の地点で、あっけなく血を吐いて病死した。

袁術討伐軍の総大将にすえて、ゆくゆくは、劉備に徐州をまかせようとさえ考えていた曹操であったが、劉備は彼を油断のならぬ漢室の簒奪《さんだつ》者だとしかみていなかった。

徐州に向かうまえに、劉備は献帝からひそかに曹操を誅殺《ちゅうさつ》せよという勅命を受けていた。劉備だけでなく、献帝の側近であった車騎将軍の董承《とうしょう》らもこの謀反計画に荷担していた。

劉備にとって幸いだったのは、この事件が発覚し、董承らが処刑されたのが、彼が徐州の守りについたのちのことであった。曹操は怒った。ただちに劉備を討つために、みずから東征した。劉備はわずかな部下を引き連れただけで、冀《き》州の袁紹のもとに走った。このとき別働隊を指揮していた関羽《かんう》は捕らえられて、許《きょ》の都に引き立てられている。

もともと曹操は、許の都でいつも劉備のそばにひかえていた関羽の雄姿にほれこんでいた。劉備の奴めは憎いが、劉備に忠義一徹なこの豪勇をどうしても処分する気にはなれなかった。処分するどころか、縄目を解いて下にもおかぬ待遇で彼を偏将軍に取り立てている。関羽にとっては不本意ではあったが、かくして一時的に曹操麾下《きか》の部将に加えられることになった。

九　華北統一にむけて袁紹と対決

❖戦わずして勝つ

建安五（二〇〇）年の二月、黄河北方の冀《き》・幽《ゆう》・并《へい》・青《せい》の四州に一大勢力を張っていた袁紹が曹操を討つべく大軍をくりだしてきた。このとき、袁紹の兵力は精鋭一〇万、官渡城に出動していた曹操軍の三倍に近い勢力である。どうみても曹操に勝ち目はないというのが、おおかたの予測であった。

曹操が支配するのは、兗《えん》・予《よ》の二州に徐州の一部を含んでいたが、袁紹のほうは冀州一州だけでも民戸一〇〇万を有していた。戦乱に明け暮れて、ようやく落ち着きを取り戻したばかりの河南《かなん》地方に比べ、険しい山河に守られて戦火を交えることの少なかった河北《かほく》地方で戦力を蓄えていた袁紹である。曹操がまともに戦って歯のたつ相手ではなかった。

しかしながら、冷静に分析すれば、袁紹の側にマイナスの要因がないわけではなかった。さきほど幽州に公孫瓚《こうそんさん》を討って、これを併呑した後遺症は、袁紹の領民にのこっていた。かなりの疲弊を来していたからである。曹操はたしかに兵力において劣るとはいえ、天子を奉戴している強みがあった。これに挑戦する袁紹は朝敵の汚名を着ねばならなかったからである。しかもこれまで曹操は抗争につぐ抗争で変転きわまりない修羅場を自前の力で行きぬいてきたが、袁紹は名門出身という背景があって、比較的安泰だった河北地方に盤踞《ばんきょ》し、しごくなだらかに勢力を拡張してきた。要するに、乗《の》るか逸《そ》るかの実戦の場数を多く踏んできた曹操の戦略と駆け引きは、その経験のとぼしい袁紹をはるかにしのいでいたからである。さらに重要なことは、曹操には兵数の多寡《たか》にとらわれぬ戦いを勝ちぬいてきたという自信があった。

こうしてみると、曹操側を不利とみるおおかたの予測を逆転させることのできる要因が、袁紹の側に存在していて、この弱点と隙につけ入れば、有利な戦いにもちこめる余地が、曹操の側にも十分のこされていた。

じつは袁紹の参謀のなかにも、これらのマイナス要因を考えて、曹操征討の派兵に反対した者がいた。天子奉戴に後れをとってはならぬと力説して袁紹に入れられなかった沮授《そじゅ》と田豊《でんぽう》の二人が、それである。

二人の反対意見には、つぎのような積極的な献策も含まれていた。

「今日の急務は、なによりもまずは、使者を許の都に送って天子に戦利品を献上し、農業につとめ、人民を安楽になさるべきかと存じます。朝廷との接触に失敗したときこそ、それが曹操の妨害によるものであると、天子に上奏するのです。そのあと黎陽《れいよう》に進駐したうえで、少しずつ黄河南岸の経営に乗りだし、船舶を増産し、武器を補強したところで、精鋭の騎兵を派遣して、河南の辺境地帯を荒らし回るのです。こちらはゆったり構えて、敵を東奔西走させる。この状態を三年もつづければ、戦わずして曹操を平定することができましょう」

これは『三国志』魏書の袁紹伝の注に引く『献帝伝』の記事によるものだが、原文では「三年の中、事は坐《いなが》らにして定まるべし」となっている。これは、孫子の「戦わずして勝つ」の兵法に見合う戦略構想である。国内整備と名分外交を基調とした河南攪乱《かくらん》作戦である。言い換えれば積極的持久戦で、曹操に不安感をつのらせておいて、じわじわと、その喉もとを絞めあげる作戦であった。

❖主戦論に傾く袁紹

これにたいして、審配《しんぱい》と郭図《かくと》の二人の参謀は主戦論をとなえて、真っ向から対立した。ここでは袁紹の武勇をもちあげ、あおりたてる戦力論が展開されたにすぎなかった。

「兵法の書にも、『一〇倍の兵力があれば、敵を包囲し、五倍の兵力があれば、敵を攻めあげる。互角ならば全力を挙げて戦え』とあります。わが君は神のごとき武勇とわが北方の強大な兵力をもってすれば、曹操を討つことなど赤子の手をひねるようものです。いまという時機を逸すれば、二度とチャンスはめぐってきませんぞ」

これは戦略というものではなく、単純な兵力数の計量のうえに立つ主戦論にすぎなかったが、名門出身の御曹司にありがちな甘さをもつ袁紹は、すっかりおだてに乗って、主戦論に熱くなってきた。最終的には、沮授・田豊の持久戦略でいけば、いませっかく盛り上がっている士気を挫《くじ》いてしまうことになりかねないとみた袁紹の判断があって、その結論は南征と出た。

沮授らの「戦わずして勝つ」戦略を積極的な持久策とみずに、現実維持の消極策ととった袁紹はすでに熱くなりすぎていた。将たる者が熱くなっては、冷静な状況分析を放りだして、力だけを頼みにすることになる。このときの袁紹がそうであった。

袁紹の大軍が攻めてくるとの知らせに、曹操陣営の諸将は慌てふためいた。とてもかなわぬとみて色を失ったのである。ところがそのなかにあって曹操は少しもたじろがず、慌てることなく、落ち着きはらっていたというから、さすがである。

『三国志』魏書の武帝紀は、慌てふためく諸将に向かって、このときいった曹操のことばをこう記している。

「わしは袁紹の人物については先刻承知だ。野心だけは大きいが、知略に欠ける。容貌はいかついが、胆力に乏しい。それに猜疑心《さいぎしん》が強いので、部下を心服させきれないでいる。兵数を誇っているばかりで、統制がとれておらぬ。その証拠に、将軍どもはおごりたかぶって、かってに命令をだしておる。たしかに領地は広く兵糧は豊富だが、これでは、わしに使ってくれとさしだすようなものだ」

曹操の発言はみせかけではない。敵を知り、おのれを知る者しか吐けないことばである。豪胆でしかも細心な敵情分析を冷静にやってのける曹操をみて、色を失った諸将は落ち着きを取り戻した。

すでに、袁紹軍は、黄河を渡って白馬城《はくばじょう》の攻撃にかかっていた。曹操はただちに全軍を挙げて、部将の劉延《りゅうえん》が守る白馬城を救援しようとしたが、数において優勢を誇る袁招軍にまともにぶつかっては、勝てるみこみは少ないとみて、このとき、各個撃破の戦略を進言した参謀の荀攸《じゅんゆう》（一五七～二一四）の献策を採用することにした。

荀攸の献策はこうであった。

「敵の勢力を分散させるのです。ひとまず延津《えんしん》に兵を進めて黄河を渡り、敵の背後をつくとみせかけておいて、軽装の機動隊を白馬へ急進させ、敵の手薄なところを攻撃するのです。きっと、そうなれば袁紹軍は、延津のわが兵につられて、主力を西へ向けてくるにちがいありません」

はたして、黄河の北、白馬城の対岸に位置する黎陽《れいよう》に駐屯していた袁紹は背側に脅威を感じ、白馬城の攻撃は部将の顔良《がんりょう》にまかせて、主力軍を率いて、黄河の北岸沿いに、延津の対岸に向けて西南方向に転進してきた。

荀攸の思う壺にすっぽりはまってきた。白馬城と延津の対岸に黄河を挟んで完全に袁紹軍は二分されたのである。

この動きをみてとった曹操は、すかさず軽装の騎兵部隊を率いて、黄河の南岸沿いに白馬城めざして昼夜兼行で東進した。白馬城の攻撃にかかっていた顔良の部隊が、これに気づいたときは、すでに遅く、曹操軍が一〇余里の近くまで迫っていた。大慌てで立ち向かっていったが、曹操麾下の張遼と関羽の一隊が先陣を切ってなだれこんだのでは、もう手遅れだった。たちまち撃破されて退却しはじめたところへ、関羽は単騎乗り入れて、敵将顔良に打ちかかり、これを斬って捨てた。これで関羽は曹操の恩義に報いることができた。

❖『孫子』の戦略

かくして白馬城の包囲を解いた曹操は、城内の民衆を他へ避難させたのち、黄河南岸に沿って西のかた延津へ取って返した。

このとき、荀攸《じゅんゆう》のとった戦略は、『孫子』の虚実篇にみえる兵法である。「吾が与《とも》に戦う所の地は、知るべからず。知るべからざれば、則ち敵の備えうる所のもの多し。敵の備うる所のもの多ければ、則ち吾が与に戦う所のもの寡し」——味方が敵とほんとうに交戦する場所は、敵に察知させないようにしなければならぬ。察知できなければ、敵は諸方面で防備を固めれば、兵力が分散されるので、味方が交戦する相手はつねに無勢である。

『孫子』を知っている曹操は素直に荀攸の敵勢分断策に耳を傾け、それをただちに実践した。これで緒戦に勝つことができ、曹操軍の士気はおおいにあがった。

それから二か月もたたないうちに、顔良の朋友、文醜《ぶんしゅう》が袁紹に「顔良の仇を討ちたい」と申し出た。袁紹軍が緒戦の敗北から立ちあがるには、まだまだ時間を要した。沮授《そじゅ》はいさめたが、袁紹は聞かず大軍を率い、黄河を渡り、曹操を求めて延津の南に進攻した。

黄河を袁紹の大軍が渡るとき、沮授は、

「上はその志を盈《み》たし、下はその功に務《つと》む。悠々たるかな黄河よ、吾それ反《かえ》らざるか」

と嘆いたという。袁紹は野心を満たすことばかりに、部将は手柄を立てることばかりに汲々《きゅうきゅう》としている。わたしは黄河をふたたび渡って戻ってくることができるだろうか。この沮授の嘆きは、やがて袁紹軍を襲う敗北の姿を予感していた。かく嘆いた沮授は病気を口実に戦線を離れた。田豊も最初に袁紹の南進を必死にいさめて、激怒を買い、鄴《ぎょう》の都の牢獄に枷《かせ》をはめられて捕らわれていた。もう袁紹の側には忠言を吐いていさめるものはいなくなった。

曹操軍を追尾する袁紹軍の先陣に立つのは、兄弟分の仇討ちとはやる文醜である。そのとき、これを迎える曹操軍の隊列の先頭には、なぜか輜重隊《しちょうたい》が立っていた。補給部隊が後尾につくのは常識なのに、逆の隊列である。これが曹操の奇略であったことは、あとで分かる。

文醜が五、六〇〇〇騎を率いて、曹操軍に近づいた。それを見た曹操は白馬から運んできた兵糧、衣類をすべて街道にうち捨てさせて、小山のかげに兵を隠した。そこへ文醜の兵が到達した。曹操の予想どおり、彼らは糧秣の山に群がり、夢中に分捕りを始めた。この機をみはからって。曹操軍は号令一下、一気に襲いかかり、敵をさんざん蹴散らして、敵将文醜を血祭りにあげた。袁紹は二度めの敗北を喫し、勇猛をうたわれた二人の部将までむざむざと死なせてしまった。

❖官渡の戦い

建安五（二〇〇）年の八月、いまだ延津の敗北からひと月しかたっていなかったが、袁紹は一〇万の大軍を結集して、官渡《かんと》（河南省中牟《ちゅうぼう》県）にたてこもる曹操軍に迫った。最後の決着をつける時が来た。覇業を懸けて中原に鹿を追う曹操と袁紹の両雄が雌雄を決することになる官渡の戦いは、かくして始まったのである。

袁紹は砂丘に沿って東西数十里にわたって布陣した。曹操もこれに対応して、官渡の城外に出て兵を分けて戦ったが、いかんせん多勢に無勢で、こんどばかりは結集した大軍をまえに手のほどこしようがない。負け戦がつづき、少なからざる死傷者を出した。

仕方なく、曹操は官渡城にひきこもって抵抗することにした。

このとき、袁紹に幕僚の許攸《きょゆう》（？～二〇四）が進言した。

「ここでは、まことの曹操の根拠地である許《きょ》の都を急襲し、天子をお迎えすれば、勝負の決着は早いでしょう」

袁紹は許攸をどなりつけた。

「わしはなにがなんでも城を囲み、曹操めを捕らえてやる。これが先決だ」

このあたりのことを、『三国志』魏書の武帝紀と袁紹伝をつきあわせて読んでいくと、両者の将たるものの器の違いが、じつにみごとに描かれていて、興味をそそる。

曹操は自分の判断を下すまえに、部下の意見に率直に耳を傾け、好しとみれば、それを取りあげて、ただちに行動に移すが、袁紹の場合はそうではない。まず定見に欠けている。そのうえ猜疑《さいぎ》心が先に働いている。これでは、そのときどきにとるべき最上の方策が、せっかく部下からだされても、おおむね聞き捨てにして、取り上げることなく、失敗している。

しかも袁紹は自分でこうしようと思い込むと、もうそれにとらわれて、冷静に客観情勢を分析する能力を失ってしまう。他の意見を顧みる余裕のない頭領は頭領たる者としてまず失格である。部下を信頼しない頭領は、部下にも裏切られる結果を招くは必定である。

許攸の場合もそうであった。

許攸の進言は、そのとき袁紹がとるべき最上の策であった。よしんばそうでなくとも、いちどは試してみるに値する戦略であった。もしかすると、袁紹はどうしても、このさい、一挙に官渡城を踏みつぶし、曹操を生け捕りにしたいという考えにとらわれていただけでなく、まずは兵力を割いて、後方の許の都を急襲することに疑いを抱いていたのかもしれないのだ。現に白馬、延津では兵力を二分していずれも一敗地に塗《まみ》れたばかりではないか。こんどこそ、兵力を割くことなく結集して、正攻法で曹操に挑むことが、勝利につながる道だという固定観念に、このときの袁紹は支配されていたのではあるまいか。

しかしながら、官渡城を大軍で包囲している状況は白馬、延津の場合とはまるっきり事情がちがっていたはずだ。負けているのは明らかに、曹操軍である。やっと籠城して防衛にこれつとめているのである。それを囲むのは、雲霞《うんか》のごとき大軍である。この大軍であれば、官渡城の曹操軍を釘づけにしておいて、その一部の兵力を割いて許の都を急襲させても、なお余裕があったはずだ。

袁紹は許攸の献策を入れるべきであった。許の都を急襲し、天子を奪い取る本拠地攪乱作戦は、このときこそ有効であったにちがいない。曹操が本拠地危うしの報を受けて、官渡城を出れば、それこそ思う壺である。その気を逃さず、官渡城を一気にもみつぶせばよいのである。

袁紹は固定観念にとらわれて、柔軟な作戦行動をとることができなかった。

かくも袁紹が状況の判断を誤って、せっかくの好機を逸したのは、このときばかりではなかった。建安五年一月、曹操が大軍を率いて、謀反に荷担した劉備を討つために徐州に出動したさいに、田豊が「曹操の留守をねらって、許の都をつくには、またとないチャンスですぞ」と、袁紹に進言したことがあるが、袁紹は聞き入れなかった。理由は〈末子の病が篤く、他事にかかわる余裕がない〉というのだから、覇者たる者の資格をみずから放棄したようなものであった。

一〇　官渡で袁紹を破り中原の覇者となる

❖天下分け目の戦い

官渡城にひきこもって防戦につとめる曹操は必死だった。

袁紹は、土山を築いておいて、そこに城壁より高い櫓《やぐら》を組み、城内に向けて、矢の雨を降らせた。

これにたいして、なすところなくしばらくの間、鳴りを潜めていたかにみえた曹操軍は「発石車」を用意して、これで敵の櫓をつぎつぎに破壊した。

つぎに袁紹は地下道を掘り進めて、城内に斬りこむ作戦にでたが、これに気づいた曹操はすぐさま城にめぐらした濠を深く掘り下げて、そこに水をそそいで対抗した。こうして両軍は秘策を尽くして戦ったが、勝敗は決せず、二か月たっても戦線は膠着《こうちゃく》したままであった。

こうなると城内に立てこもる曹操軍の糧秣不足が深刻になり、将兵の疲労もまた目立ってき

曹操の陣に矢を打ち込む袁紹軍

た。なかには袁紹軍に寝返る者が出てきて、しだいに苦しい状況に追いこまれてきた。

曹操は官渡城を捨て、許の都に引き揚げようと考えたが、根拠地で留守を守る参謀の荀彧《じゅんいく》は反対して、いまが正念場だと激励した。

「紹は衆を悉《つく》して官渡に聚《あつ》め、公と勝敗を決せんと欲す。公は至弱をもって至強に当たる。もし制すること能わずんば、かならず乗ずるところとなる。これ天下の大機なり」

「これ天下の大機なり」とは、いまこそが、天下分け目の時だという意味。その正念場で、袁紹に背を向ければ、総崩れになるのは必定。至弱をもって至強と戦い、ここまできたのだから、相手に背を向けて乗ぜられてはならぬという激励であった。

曹操は荀彧の進言を聞き入れ、撤退を思いとどまり、ふんばることにした。糧秣の確保にいちばん苦労している輜重隊の者たちに向かって、曹操はこう言いきった。

「あと一五日で、おまえたちのために袁紹を打ち破り、これ以上は苦労はかけぬ」

たまたま、そこに袁紹の幕僚だった許攸《きょゆう》が投降してきた。官渡城を釘づけにしておいて、許の都を襲い、後方を攪乱させようと、袁紹に進言して入れられなかったあの許攸である。

許攸は曹操と旧知の間柄であった。『三国志』の武帝紀によれば、許攸は財貨に貪欲で、袁紹がその欲求を満たさなかったので、曹操のもとに走ったとあるが、そればかりではあるまい。袁紹の器量に見切りをつけたのであろう。

許攸を迎えて、曹操は跣《はだし》のままで飛び出してきたという。

このときの曹操と許攸のやりとりが、のちに曹操に大勝利をもたらした。それを伝えるのは、『三国志』魏書の武帝紀に引く『曹瞞伝《そうまんでん》』である。この書物の作者は呉の人とあるだけで、不詳であるが、曹操に悪意を抱いた人物が書いた曹操伝であることはほぼまちがいない。ところが、その描写となると、たとえば、「曹操の人柄は軽佻浮薄で、威厳がなかった。音楽が好きで、芸人をそばにおいて、いつも昼夜から夜にかけて楽しんだ。衣服は軽い絹をまとい、身体には小さな革の袋をぶらさげ、ハンカチや小物を入れていた。ときには、くつろいだ帽子をつけて、賓客と会見した。人と話をするときは、つねに冗談をとばし、隠し立てをしなかった。楽しそうに大笑いしたときなど頭を酒杯や茶碗のなかに突っこみ、頭巾はごちそうですっかり汚れてびしょぬれになるほどだった」などと記して、じつに生き生きとした曹操の風貌と姿勢を伝えていておもしろい。以下も『曹瞞伝』の記事である。

❖許攸の智略

許攸が投降してきたと聞くなり、曹操は跣のままで飛びだしてきて出迎えた。曹操は手をたたき、笑いながらいった。

「許攸殿、よくぞ参られた。これでわがほうの勝利は決まりましたぞ」

座に着くなり、さっそく許攸は尋ねた。

「袁紹の軍は勢い盛んです。どう対処なさるおつもりか。いま、兵糧はどれくらいのこっていますか」

「まだ一年ささえることができる」

「まさか、そんなことはありますまい。正直なところをお答えください」

「うむ、半年ならばささえることができる」

「足下は袁紹を打ち破るおつもりはないのですか。うそをおっしゃってはいけません」

「いましがたのは冗談じゃ。じつはひと月分がせいぜいなのだ。どうしたらよいか教えてくれ」

「足下は孤立した軍勢でもって城を守ってこられ、外からの救援もなく、糧食はすでに尽きておるはずです。まさに危急存亡の時です。袁紹軍には、いま一万台余の輜重《しちょう》車を後方の故《こ》市《し》・烏巣《うそう》に集結させておりますが、うかつなことに厳重な防衛をしておりません。いますぐに軽騎兵でもって襲撃して、その不意をつき、山積みの兵糧を焼き払ってしまえば、三日とたたずに、袁紹軍は自滅してしまうでしょう」

曹操はこれを聞いて手放しで喜んだ。そこで、精鋭なる騎兵と歩兵が選びぬかれた。すべて袁紹軍の旗やのぼりを掲げ、枚《ばい》を馬の口に銜《はま》ませておいてから、夜中に間道を伝って出撃した。途中で袁将軍に誰何《すいか》されると、

「敵がわが後衛を荒らそうとしている。袁紹様のご命令で、その防衛に備えるために派遣されたのだ」

これを聞いて信用し、だれも怪しむ者はなかった。

時に建安五年十月二十三日の真夜中のことであった。

曹操の率いる擬装兵が、大規模な輜重部隊のたむろする烏巣の屯営に到達したのは、夜空がようやく白み始めた明け方であった。これに襲いかかると、火を放った。屯営はたちまち大混乱に陥った。曹操軍が少数であることを知って輜重部隊の指揮官である淳于瓊《じゅんうけい》が反撃に出た。

官渡での敗戦を察して自刎する田豊

❖袁紹軍の敗北

　一方、烏巣が急襲されたと知らされて、袁紹はいかに大軍を動かすべきか迷った。そのあげく、このときも、袁紹は軍を二手に振り分けた。烏巣の救援に騎兵部隊を向かわせ、一方では官渡城の留守部隊を攻め落として、曹操の退路を断とうとしたのである。

　淳于瓊と戦っている曹操のもとに、背後から袁紹の騎馬部隊が迫っているという物見の知らせがとどいたが、曹操は「そっちは、まうしろまでくるまでほおっておけ」と叫び、兵を二手に分かつことを禁じた。こうなれば、あとがない曹操軍は必死で目前の淳于瓊と戦うほかはない。これが勝因につながった。

　淳于瓊の敗北を知って、官渡城の攻略にかかっていた張郃《ちょうこう》・高覧《こうらん》の二将はそのまま降服した。これで、袁紹軍は総崩れとなってしまった。

　袁紹は子の袁譚《えんたん》とともに、わずかに八〇〇余騎の兵に守られて、黄河を渡って北へ逃げ延びた。

「悠々たる黄河よ、吾それ反《かえ》らざらんか」と慨嘆した沮授《そじゅ》のことばは、事実となった。袁将軍の士卒の大多数は、河南の地で殺され、さもなくば囚われの身となった。

これが世に名高い官渡の戦いである。

「曹操は袁紹に比べると、名声の勢力も劣っていた。しかしながら、曹操は最後には袁紹に勝つことができた。弱い者が強くなることができたのは、天運に恵まれていただけでなく、人の知謀にもまた力があったからだ」と評したのは、かの諸葛孔明であるが、まことにそのとおりであった。

曹操は袁紹がのこしていったおびただしい数にのぼる輜重《しちょう》・図書・珍宝の類をすべて没収した。そのなかに、許の都と軍中の味方のなかから、袁紹に内応しようとした者の書簡が入っていたが、曹操はこれを無視して、その罪を問うことはなかった。

「紹の強きに当たりては、孤《われ》すらなお自ら保つこと能わざりしに、而るに況んや衆人をや」といって、全部焼き捨てたのである。かく言うのは、『魏氏春秋』の記事であるが、あっぱれ将たるの器量を、ここでも曹操は示したのである。

官渡の戦いにおける勝利は、一挙に曹操を中原の覇者としての地位に押し上げた。

袁紹を盟主として仰いだ董卓打倒の同盟軍を決起してより、一〇年の歳月が経過していた。すでに曹操は四六歳になっていた。

一一　修学令の布告

❖橋玄の教え

官渡の戦いで袁紹を破った曹操は、南に転進した。河南省汝南《じょなん》で袁紹の命を受けて後方攪乱に回っていた劉備《りゅうび》を討つためであった。劉備は荊州《けい》牧の劉表《りゅうひょう》のもとに走った。

建安七（二〇二）年の正月、劉備を敗走させて、久方ぶりに矛を収めた曹操は軍を率いて故郷の譙《しょう》に立ち寄った。錦を飾る気持ちであったかもしれないが、一日歩き回ってみたものの、だれ一人顔見知りの者に出会わなかった。反董卓の義勇軍をこの故郷でつのっていらい、転戦につぐ転戦のなかで、顔見知りの領民のほとんどが死に絶えてしまったのだ。これに気づいた曹操の胸は痛んだ。曹操はすぐさま死者の霊を祀らせ、その死に報いるための措置を講じた。

戦没した将士で後継ぎがない場合には、親戚の者に後を嗣がせ、田地をあたえ、耕牛を支給し、その子弟には教師をつけて教育にあたらせよ。戦死者に後嗣ぎがあれば、その者に廟を建てさせ、死者を祀《まつ》らしめよや。

これがそのときの曹操の布告であった。遺族の傷心はこれでいくらかなりとも軽減された。それから曹操はこの機会に、譙からほど近い睢陽《きよう》、現在の河南省《かなん》商丘《しょうきゅう》県にあった橋玄の墓に人をやって祀らせている。若き日の曹操をみて「君は是れ乱世の英雄、治世の姦賊《かんぞく》なり」と評したあの橋玄である。橋玄は『後漢書』にその伝をとどめる大官であったが、この人の称賛を得て、白面の青年にすぎなかった曹操の名が世に知られるようになったのである。この恩義を忘れることができなかった曹操は、その祭文のなかで、橋玄との関わりをこう偲んでいる。

わしの死後、君が墓のそばを通りかかったさいに、一羽の鶏をもって訪れ、わしの墓地に酒を注ぐことを忘れて通り過ぎでもしたら、君は三歩も歩まぬうちに腹痛を起こすことになるぞと、あなたはおっしゃいましたが、私がいまお供えを奉るのは、たたりが怖いためでも、腹痛になりたくないためでもありません。ご冗談とはいえ、こうした打ち解けたおことばをかけてくださったのが、忘れられないからであります。

「天下を安定させるのは、それこそ君である」とまで言って、放蕩な生活を送っていた曹操を励ましてくれた橋玄である。中原の地に局限されているとはいえ、いまそれを実現することができた曹操は、その報告を兼ねて感謝をささげるために、橋玄の墓を祀らせたのである。

この年の五月には、袁紹が鄴《ぎょう》で病死した。敗北の痛手から立ち直ることができぬまま、憂悶のうちに迎えた死であった。袁紹の死後、内紛をくりかえす冀《き》州勢はもはや曹操の敵ではなかった。その年の八月、袁紹の長男、袁譚《えんたん》と末子の袁尚《えんしょう》は兄弟どうしで反目し、冀州を奪い合った。争いに負けた袁譚は曹操に救いを求めた。

建安九（二〇四）年、袁尚の本拠地鄴を攻めた曹操は、包囲して漳水《しょうすい》の水を引き、水攻めの計に出た。この夏七月、たくさんの飢餓者をだして、ついに鄴は陥落した。

このとき、袁紹の麾下《きか》に属していた張燕《ちょうえん》が曹操に降っている。「剽悍捷速《ひょうかんしょうそく》」とうたわれた張燕の腕力は天下に知れわたっていた。若いときから、少年を集めて任俠の世界に遊んで、群盗の頭となったが、のちに黄巾軍の一翼をなす「黒山軍《こくざんぐん》」を率いて河北《かほく》を荒らし回っていた。これに手を焼いた袁紹は、わざわざ呂布将軍を迎えて、ようやく張燕を組み伏せることができたのである。

曹操は冀州平定後に降伏した張燕を自軍の将軍として迎えるが、張燕の軍団もこれまた任俠的気風を紐帯《ちゅうたい》として結成された民間の武力集団であった。この後もこの張燕が率いる「黒山軍」はさきの「青州兵」とともに曹操軍団の精鋭として活躍している。かくして曹操は山東半島、河南、河北にかけて荒れ狂った黄巾軍の残党の勢力をことごとく吸収したのである。

❖曹操、慟哭す

鄴城に入った曹操は、袁紹の墓に詣でて号泣した。未亡人を慰め、下僕や宝物を返し、扶持米を贈って手厚く遇した。これにたいして『魏氏春秋』を書いた孫盛《そんせい》は、漢の高祖がそのライバルの項羽を哀悼した故事をまねしたもので、偽善的行為であると批判しているが、たとえそれが漢の高祖の項羽哀悼をまねた行為であったとしても、偽善だときめつけるのは酷であろう。もとはといえば遊侠の仲間であり、ともに遊び、ともに慷慨《こうがい》した洛陽の友であったはずだ。

反董卓義勇軍の旗揚げをしたときまでは、漢室の再興をめざす志において、二人は共通していたが、いつしか河南と河北の天地に分かれて、中原の覇者を争うことになってしまった。勝敗は兵家の常であれば、いつなんどき曹操が逆に袁紹の立場に追いこまれないともかぎらないのだ。これまでにもそうした危機はいくらでもあったが、曹操は運強く、勝者として生きのこることができただけである。このことをだれよりもよく知っていたのは、曹操自身であった。だからこそ、彼は袁紹の墓前で慟哭《どうこく》したのである。そこには、かろうじて修羅場をくぐりぬけることができた勝者の敗者への率直な心情の表出があったはずだ。

たしかに袁紹のために曹操が慟哭したというのは、美談に属するが、鄴城が陥没した際に、袁氏一族の婦女の多くが掠奪《りゃくだつ》の憂き目にあっている。勝者が敗者の婦女を掠奪するのは、当時あたりまえのこととされていた。それでも書き留めておきたいのは、袁紹の次男の袁熙《えんき》の夫人は甄氏《しんし》といったが、その美貌は内外に知れわたっていた。当時一八歳で曹操に従軍していた曹丕《そうひ》、のちの魏の文帝はいちはやく鄴城内の袁氏の邸に入り、甄氏を手に入れている。曹丕はのちに、この絶世の美女を殺さずに、わが妃にしている。これを知った曹操は、「今度の戦は、あいつのために戦ってやったようなものだ」と悔しがったという。

この話を知った、皮肉屋の文人・孔融《こうゆう》はさっそく曹操にあてて手紙を送りつけ、「周の武王は殷《いん》の紂王《ちゅうおう》を滅した時、その愛妃妲己《だっき》を奪って、周公に下賜されました」と書いてあるのをみて、曹操は「その出典はどこにあるのか」と聞き返すと、孔融は「今日のことから推しはかってみて、昔はきっとこうであったにちがいないと思ったまでのことです」といって、曹操父子の行状を皮肉ったといわれている。

❖修学令を布告する

かくして河北を掌中に収めた曹操は、この地方の経済的安定を図るために、「河北は袁氏の難に罹《かか》る。其れ今年の租賦を出すこと無からしめよ」とする租税・賦役を免ずる「河北の租賦覦《のぞ》く令」を発している。こうして人心を掌握すると、建安十年には、厚葬を禁止する令、殺伐たる河北の風俗を淳化させる令などをやつぎばやに発令して、新しい秩序の確立をめざす政策を打ちだしている。

この間、曹操は河北、河南の各地に屯田制を広め、水利事業を興して食糧の増産、農業の振興につとめた。

それればかりではない。河北平定の直後に、曹操は先をみこして、教育制度の確立と整備に着手し、「修学令」を布告した。

喪乱以来、十有五年、後生に仁義礼譲の風を見ず。吾は甚だ之を傷む。其れ郡国をしておのおの文学を修めしめ、県の五百戸に満つるものは、校官を置き、其の郷の俊造を選んで之を教学せよ、庶幾くば先王の道廃れず、以て天下に益有らんことを。

ここでいう文学とは今日でいう学問をさす概念であり、さしずめ校官は学問所、俊造とは俊才を意味していた。「仁義礼譲」「先王の道」の復興をめざすからには、儒教を中心とした教育であったはずである。学問好きの曹操ならではの政策であった。

このあたりの曹操のとった一連の措置は、治者としての才能においても、彼がいかにすぐれていたかを示す、着実でしかも正攻法による政治的布石であった。

建安一二（二〇七）年、曹操は、袁熙・袁尚が逃げ込んでいた遼西の烏桓《うかん》を攻めた。袁氏一族はこれで全滅した。かくして曹操は中原から華北にかけてほぼ全域をその支配下におくことができたのである。天下の覇者となるためには、余すところ荊州と長江流域を掌中に収めねばならない。

一二　曹操を嘲弄した文人孔融

❖孔子の子孫にあたる孔融

曹操が長安から脱出を図った献帝を、自分の本拠地許昌《きょしょう》に迎えたのは、建安元年であるが、そのころからすでに曹操に、後漢王朝を簒奪《さんだつ》する野心ありとみてとった知識人がいた。それは孔子二〇代めの子孫にあたる孔融（一五三～二〇八）、字は文挙《ぶんきょ》であった。彼は最後の「清流」派知識人であり、その抵抗精神を持続した最後の人物であった。彼は生涯、曹操の権勢に媚びることなく、徹底的に権力者曹操を嘲笑しつづけて、曹操によって殺されている。建安一三（二〇八）年のことである。

孔融は孔子の子孫であるから、山東省の曲阜《きょくふ》が本籍である。中国の名家の産であったから、もとより気位は高かった。父の孔宙《こうちゅう》は泰山郡の都尉、警備隊長を務め、七代まえの孔覇《こうは》は、前漢元帝の学問の師を務め、侍中つまり天子の侍従にまで昇った。

現在の許昌市街　ユニフォトプレス提供

献帝が曹操に迎えられて河南省の許昌を都にすると、孔融を召して宮殿の造営をつかさどる将作大匠に任じ、ついで天子の給養をつかさどる少府にした。許昌の都に後漢の宮廷は存続していたが、政治の実権は曹操が握っていた。しかしながら、孔融には、曹操に仕えているという気持ちはさらさらなく、献帝の直臣として行動した。

建安の初期、その四年から六年の間に、孔融は「汝潁《じょえい》優劣論」を書いている。それは、後漢末に多くの「清流」派知識人を簇出《そうしゅつ》した汝南《じょなん》郡と潁川《えいせん》郡の名士では、どちらがすぐれているのかを論じたもので、「身を殺して仁を為し」「家を破って国の為にし」、漢室の衰微を哭することでは、潁川の士は汝南の士に劣っているというのである。

当時、曹操の幕下にあって人事担当官を務めていたのは、陳羣《ちんぐん》である。かれは潁川の出身で、その祖父は「清流」派知識人の巨魁李膺《りよう》と親交のあった陳寔《ちんしょく》である。陳羣は同じ潁川郡出身の荀彧《じゅんいく》の推挙で、曹操に仕え、荀彧一党が「清流」派知識人として、抜群な存在であるとみなしていた。

これにたいして、孔融は、荀彧が私人として一族の保全をはかって曹操に荷担したことが、結果としては公人として漢室の力を弱める働きをして、曹操勢力の増大につながったとみて、彼は後漢末の「清流」派知識人の正統性をすでに喪失していると考えていたのである。「儒学行義」を理念とする孔融にとって、漢室の再興こそ急務であって、それを簒奪して、みずから天子たらんとする野心をたぎらせている曹操は、がまんのならない偽善的な政治家としてしか映っていなかった。ましてそれに荷担する潁川出身の荀彧、陳羣の行動は容認できなかったのである。

献帝のもとで軍務大臣にあたる太尉を務めていた楊彪《ようひょう》は、丞相の曹操と折り合いが悪く、うまくいっていなかった。この楊彪は袁術と姻戚関係にあった。曹操は袁術が寿春の地で天子を僭称したとき、これを幸いとばかりに、楊彪を捕らえて殺そうと謀った。

これを知った孔融は、官服を着る余裕もなく、曹操のもとに駆けつけて抗議した。

「楊氏は代々清徳をもって聞こえ、四代にわたって名声をあげた家柄です。『周書』には〈父子兄弟は、罪あい及ばず〉とあります。まして、袁氏にかこつけて殺そうとはもってのほかです。そんなことをすれば、『易経』にある〈善を積めば、余慶あり〉ということばは、人を欺いたことになります」

「なにをいうか。これは国家の意志であるぞ」

「では、おうかがいいたしますが、周の成王が有徳の召公を殺そうとしたならば、成王の補佐である周公旦《しゅうこうたん》はそれを知らなかったですまされましょうか。今日、天下の士人がこぞって曹操殿を仰ぎ慕っているのは、なぜです。ひとえに曹操殿が聡明で仁智を備えた方であり、漢室を補佐し、臣下の綱紀粛正につとめられ、世を太平に導かれるだろうと期待しているからです。しかるにいま、ほしいままに無実の者を殺したとなれば、天下の人々はこれを見、これを聞いて、曹操殿に背を向けることになりましょうぞ。はばかりながら、この孔融は魯《ろ》国の男子であります。もし曹操殿がお聞き入れにならないならば、明日ただちに衣のすそをからげてここを立ち去り、二度と参内《さんだい》せぬ所存です」

ここまでいわれては、曹操もこれを了解せずにはいられなかった。揚彪を不問に付した。これは『三国志』魏書の崔琰伝《さいえんでん》の注に引く『続漢書』の記事である。原文では、孔融の発言の一部はこう記されている。

今、横しまに無辜《むこ》を殺さば、海内《かいだい》観聴して、誰か解体せざらん。孔融は魯国の男子なり。明日、すなわち衣を褰《かか》げて去り、また朝せざらん。

❖孔融、曹操を嘲弄する

孔融の曹操批判は痛烈をきわめた。曹操は、当時飢饉が起こり、そのうえ戦争がつづいていたので、軍の糧食の欠乏を少しでも補う対策として、米を節約するための禁酒令を出した。すると、孔融はさっそく曹操に手紙を書き送ってからかった。その言い分はこうであった。〈天には酒旗の星、地には酒泉の郡、人には美酒の徳があるように、むかしから酒は徳あるものとされてきた。聖帝の堯《ぎょう》も千杯の酒を飲まなかったら、その聖徳は完成できなかったであろう。祖先を祀り、神を慰め、人の気持ちを鎮めるために、酒は欠かせないものとされてきた。だいいち、酒が国を滅ぼすからといって禁止するなら、桀《けつ》や紂《ちゅう》のように女色によって国を滅ぼした者がいるというのに、どうして婚姻を禁止しないのか。魯の国は儒教を尊重しすぎて、国力が弱ったが、だからといって学問は禁止しようとはしなかった。酒だけが禁止になるのはまったくの手落ちだ〉というのである。

曹操自身は酒をたしなみ、酒こそ人生の大いなる慰めだといっていながら、「禁酒令」を出す。曹操は後漢の天子を奉戴して、漢室の再興のために戦っているふりをして、じつは天子に取って代わろうとしている。曹操は大いなる詐欺師であると、孔融はみていたのである。それが腹にすえかねたのだ。そこで曹操を嘲弄《ちょうろう》することばを吐き、しばし曹操の怒りを招いたのである。

さらに、曹操が自分の身内で、畿内の要衝の土地を占有しているのは、ちかい将来漢室の力をそぐための用意だとみた孔融は、ここで曹操を牽制しておかねばと考え、

「周の制度に準じて、千里四方を畿内として、その領域内に諸侯の封地を設けないようにすべきである」

と、上奏におよんでいる。

曹操は孔融の影響力がしだいに広まるのを恐れ、ますます孔融を煙たがり、疎《うと》んずるようになってきた。けれども、なんといっても、孔融は天下の名士である。そのため、うわべは、その存在を容認していたが、内心ではその正論を憎み、自分の天下取りの仕事の妨げとなるのではないかと憂慮した。

この曹操の意向を読み取った御史大夫の郗慮《ちりょ》はささいな咎《とが》で、孔融を弾劾し、ついに免職に追いやった。

免職になってから一年あまりで、孔融はまた太中大夫、つまり宮中顧問官に返り咲いた。閑職であるので、家にいることが多く、かつての権勢は失われたが、賓客が毎日門にあふれるありさまだ。

孔融は才ある者を愛し、酒を楽しみながら、いつも感慨深げにこういった。

「座敷には客があふれ、樽の中の酒が切れさえしなければ、わしには憂いはない」

孔融は人の善行を耳にすれば、わがことのように喜び、人の意見で採るべきものがあれば、かならずそれを取り入れて実現させた。面と向かっては、相手の短所を指摘するが、陰ではその長所をたたえた。「面しては其の短を告ぐるも、退きては長ずる所を称す」というのは、いかにも孔融らしい人心収攬《しゅうらん》術である。賢士がいれば、それを推挙して世に出したが、孔融は立派な人物を知っていて薦めずにいることを、自分の過ちのように考えていた。こうであったから、天下の英俊はみな彼に心服したのである。

孔融のもとに、天下の英俊が集まり、彼に心服すればするほどに、曹操は孔融を警戒するようになった。それと察して、郗慮がさらに孔融の罪をでっちあげ、ついに丞相府の軍謀祭酒の路粋《ろすい》を使って、彼を弾劾させた。

「もと少府の孔融は、かつて北海国にあるとき、王室の不安なさまをみて、人数を集めて反乱を起こそうとしました。当時彼は、『わしは殷の湯王《とうおう》の末裔にあたるが、宋のために滅ぼされたのだ。天下の主人となるのは、なにも劉氏とはかぎらぬ。わしでもなれるのだ』と放言しました。孫権の使者と話したとおりにも、朝廷を誹謗する言辞を吐きました。そのうえ、孔融は九卿の身でありながら、朝廷の作法に従わず、上覆いのない頭巾をかぶって外出したり、案内もこわずに禁裏にはいりこむ非礼を働きました。また、最近、無位無官の禰衡《でいこう》とともに不謹慎きわまりない放言をいたし、『子に対する父の愛情などというものはありえない。本来、子どもは性欲の所産にしかすぎない。子と母の関係にしても、なんというものはありえない。たとえてみれば、瓶のなかに入っている物を外にだしてしまえば、それっきり縁が切れてしまう』などと申しました。そればかりか、禰衡が孔融のことを、『孔子の再来だ』といえば、孔融も禰衡のことを、『顔回の生まれ変わりだ』とよび、たがいに相手を褒めちぎっています。こうしてみると、孔融の罪は大逆無道にあたり、極刑に処してしかるべきです」

❖孔融、斬罪に処せられる

このため、ついに孔融は獄に捕らわれ、市場で斬罪に処せられた。時に孔融五六歳。妻子ともども死刑になった。

いまの陝西省《せんせい》の京兆《けいちょう》の産で、孔融と親交のあった脂習《ししゅう》という人がいた。彼はいつも孔融の剛直さが禍になるのを恐れて、戒めていた。孔融が殺されると、許都の人はだれもその死骸を収容しようとはしない。脂習だけは馳せつけて、彼の屍をなでていった。

「文挙殿、わたしを見捨てて死んでしもうた。わたしも生きていてなんとしようぞ」

曹操は脂習のことを聞いて激怒した。彼を捕らえて殺そうとしたが、その後、赦令にあって放免された。

『後漢書』を書いた范曄《はんよう》（三九八〜四四五）は、孔融伝に論評を加えてこういっている。

孔文挙の高潔な志と一本気な振る舞いは、人々の正義感を奮い立たせ、梟雄《きょうゆう》の野心を阻害するだけの力があった。そのため、曹操も生きているうちに漢の天下を奪うことができず、息子の曹丕《そうひ》の代となって、初めて漢にとって代わることができたのである。そもそもきびしくまっすぐな気性の人は、当たって砕けるのが本能。ただ丸く治まるようにと腰をかがめて生き延びることはできないのである。孔文挙こそは、純粋なこと白玉のごとく、峻烈なこと秋霜のごとき人だといえよう。

まことに絶大な賛辞である。范曄は孔融の剛直な生き方に、清烈な魂の軌跡を発見して、共感するところがあったのであろう。

こうして、孔融は歴史のなかに生きた。まず曹操の子の曹丕、のちの魏の文帝は、父とはちがい孔融の詩文をこよなく好み、いつも歎息していった。

「孔融は揚雄《ようゆう》・班固《はんこ》（三二〜九二）にも劣らぬものだ」

揚雄は前漢の学者で、『法言』の著者であり、班固は後漢の歴史家で、『漢書』を著している。

孔融の文学はこの二人のものに劣らぬ、すぐれたものだとたたえたのである。

文帝曹丕は、孔融の遺文を天下につのって、集めさせた。彼の文章をとどけでる者があると、そのつど、黄金や絹を褒美としてあたえた。こうして曹丕は孔融の著した詩文二五篇を収集することができたのである。しかも、この時代の文学を論じた『典論』論文篇のなかで、曹丕は孔融を「建安《けんあん》の七子《しちし》」という文学集団の筆頭として取り上げて、後世にその文学を伝えた。

一三　曹操、赤壁にて敗北

❖立ちはだかる劉表と孫権

荊州《けいしゅう》は、現在の湖北省・湖南省である。この中心地は湖北の襄陽《じょうよう》である。そこには荊州刺史の劉表《りゅうひょう》がいた。劉表は漢の宗室につながる人物で、後漢末「清流」派知識人のなかに数えられた一人であっただけに、その名声を慕い、中原の地の戦乱を逃れて、この荊州に集まって来た人士も少なくなかった。劉表は袁紹と同盟関係にあったので、劉備玄徳が関羽《かんう》・張飛《ちょうひ》・趙雲《ちょううん》を伴って身を寄せたのも、この劉表のもとであった。

劉表は袁紹なきのちには、曹操が大軍を率いて、隣接地の荊州に侵攻してくると読んでいたので、劉備を喜んで迎え、襄陽の北にある出城の新野城に駐屯させて、曹操に備えていた。

荊州は長江の中流域を占めていたが、その下流域から広東省に至る江南地方を治めていたのが、孫権である。広大で肥沃な土地を抱え、中原の戦乱から遠く離れていたために、比較的に

曹操との決戦にむけて決意を示す孫権

豊かで安定した政権を確立していた。長江という天然の要害に守られ、数万の精兵を擁した孫権は、荊州の劉表に比べると、はるかにあなどりがたい存在であった。

天下の覇者を志す曹操のまえに立ちはだかるのは、この劉表と孫権の二人である。

建安一三（二〇八）年、曹操はまず劉表を討つべく大軍を率いて荊州へと南下した。

この年の正月には、曹操は南征の決意を固めていた。魏の都、許の北郊に玄武池をつくり、水軍の訓練にはいっていた。これからしても、南征の究極のねらいは、江南長江一帯に盤《ばん》踞《きょ》する孫権の呉を平定することにあったことは明らかであった。まずは、その途中において劉表の荊州をひとのみにしておいて、その水軍を使い、一挙に長江を下って孫権をもみつぶそうという算段であった。

❖曹操、漢の丞相に任じられる

しかも、荊州に向かって大軍を発進させるひと月まえの六月に曹操は漢の丞相に任じられた。天子から軍事行政の全権を名実ともにゆだねられたのである。南征は天子の命令であり、丞相に刃向かうものは、朝敵であった。

そもそも丞相という地位は、前漢王朝時代にはあったが、後漢王朝が成立すると、丞相に代わって、太尉、司徒、司空の三公が、天子を補佐する大臣として任用される制度に改まっていた。太尉は軍務をつかさどる大臣、司徒は教育、今日の文部大臣、司空は、民事をつかさどる内務大臣であり、三権分立の政務が実施されていた。

曹操はこの三権分立を廃止して、丞相を復権し、みずからその地位について、権力に集中化をはかったというのが、建安一三年の実情であった。

このとき、丞相の補佐役として、崔琰《さいえん》、毛玠《もうかい》、司馬朗《しばろう》、司馬仲達《ちゅうたつ》（一七九〜二五一）、盧毓《ろいく》を取り立てて、南征に向かう前の内政の地固めを行っている。なかでも、崔琰は容姿端麗なうえに、学問の志高く、後漢の大儒といわれていた鄭玄《じょうげん》に直接学んだ秀才であった。袁紹に招かれて仕えていたが、袁紹を破った曹操はその才智を惜しんで招聘《しょうへい》し、毛玠とともに、官吏登用の任にあたらせたのである。崔琰、毛琰《もうえん》、毛玠の官吏選抜は実に公正であったので、当時の世情までが引き締まったといわれるほどであった。曹操は、「このような人物を起用することができれば、天下の人々にみずから身を慎ませることになる。私のすることはなにもない」とほめそやしたという。

彼らの補佐役に内政を任せ、後顧の憂いをなくすと、丞相曹操はみずから南征に向けて全軍の指揮をとった。張遼《ちょうりょう》・于禁《うきん》・楽進《がくしん》の三将軍を率い、三方向から荊州になだれこむ手はずを整えて発進した。

その年の八月、曹操軍が荊州に侵入するまえに、荊州刺史の劉表が病没した。その跡目を継いだのは、劉表の次男の劉琮《りゅうそう》であったが、将たる器量においては、父よりも劣っていた。兄の劉琦《りゅうき》は先妻の子で、地方豪族の支援がなく、内紛を避けて、みずから江夏《こうか》の太守として外に出ていた。

もとより劉琮は荊州を守り抜く胆力に欠けていた。曹操の大軍が襄陽の北方数十キロメートルまで迫った時点で、荊州全土を挙げて全面降伏することにきめた。

そのとき、劉備は新野城から樊城《はんじょう》に移って、曹操を迎え撃つ準備をしていた。樊城は襄陽と漢水を隔てた北岸にあり、「三顧の礼」で迎えられた諸葛孔明も、そのなかにいた。

劉備は劉琮から降伏する旨の知らせを受けていなかった。ぎりぎりの時点でこれを知った劉備は怒ったが、単独では抗しきれないとみて、逃走した。豊かな軍需物資を貯蔵している長江

曹操軍を長阪橋で迎え撃つ張飛

沿岸の江陵をめざして南下したが、途中当陽の長坂《ちょうはん》で、追尾してきた曹操軍に捕まってしまった。

捕まるのは当然だった。劉備は兵士のほかに、彼を慕う一〇万余の避難民を引き連れ、陸路を一日わずかに一〇余里という行軍であった。追尾する曹操は五〇〇〇の精鋭な騎兵を率い、一昼夜にして三〇〇余里を走り、こんどこそは劉備を捕まえんものと懸命に追いかけた。荊州における軍事上の要地でもあった江陵を、さきに劉備におさえられては不利だという判断に曹操は立っていた。それだけに必死の追尾を行ったのである。

劉備は江陵どころではなかった。妻子をも捨てて逃げた。このとき猛将張飛がわずか二〇騎を率いて長阪橋にたちふさがり、奮戦しなかったならば、劉備主従はどうなったか分からなかった。おかげで、劉備は夏口、現在の武漢市まで逃げ延び、さきに漢水を伝って逃れていた関羽の水軍一万余と、江夏太守の劉琦《りゅうき》軍一万がこれに合流して、かろうじて体勢を立て直すことができた。ここで趙雲《ちょううん》によって救出された妻子ともめぐりあうことができた。

江陵を占領した曹操は荊州の水軍をそっくり手に入れ、これを麾下《きか》の水軍に編入した。しかも長江上流に立つ曹操軍はこの強力な水軍をおしたてて、下流にあって守りを固める孫権の根拠地に向かって、長江を一気に攻め下る形勢にあったのだから、明らかに有利な立場に立っていた。

❖諸葛孔明の登場

劉備の参謀の諸葛孔明はいちはやく使者として孫権のもとにおもむき、劉備と手を結んで曹操の東進を食い止めるべきだと、孫権に説いた。孫権の側でも、最も信頼の厚い周瑜《しゅうゆ》（一七五〜二一〇）と魯粛《ろしゅく》（一七二〜二一七）が徹底抗戦をとなえ、荊州同様に降伏に傾きかけていた講和派を押し切り、劉備と組んで曹操軍を積極的に迎え撃つことに決した。

曹操軍は八〇万と号していたが、実際は二〇数万の兵力であった。一方周瑜が率いる孫権の水軍は三万、劉備の二万余の兵力と合わせても、とうてい太刀打ちできる軍勢ではなかった。官渡《かんと》の戦いとは逆であった。曹操は多勢であり、絶対優位に立っていた。

不思議なことに、曹操の場合、こうした優位の形勢で戦いを進めたときは、たいてい敗北している。逆に不利な形勢で絶対優位の敵と対峙して、挑戦したときには、まことに曹操は強いのだ。綿密な作戦行動を立て、敵の裏をかく奇略を用い、優勢な敵を攪乱して、形勢を逆転させる。これが将軍曹操の本領だった。

結果的には、優勢を誇っていた曹操は赤壁の戦いで敗北した。あくまでもこれは結果論であるが、荊州を無条件降伏に追いこみ、劉備を追尾して、荊州の全土ににらみを利かせることのできる軍事的拠点、江陵を制した時点で、曹操はいったん兵を返すべきであった。

孫権の割拠する江南の地のふところは広く深い。これを攻めるには、一気呵成《いっきかせい》というわけにはいかないのだ。ひとまずは、西のかた荊州の守りを十分に固めておいて、長江沿いに少しずつ東進して、あたりに散在する孫権の基地を荒らし回り、おびえさせておいてから、曹操は大軍を率い、河南から直接南下して長江をよこぎり、孫権の本拠をつくかたちをとっても、遅くなかったはずだ。

これにたいして、孫権側の知将周瑜と劉備側の参謀諸葛孔明は、それぞれの立場に違いはありながらも、絶対優位に立つ曹操軍の弱点をはじめからみぬいていた点では共通していた。それは、曹操軍には長い遠征で疲労が出始めていること、湿地の多い江南に入ってから曹操軍は疲れに加えて疫病にかかる者が多数出ていること、さらに曹操軍は騎馬戦に長じてはいるが、水上戦では不慣れであること、この三点である。

孫権は別々の機会に諸葛孔明と周瑜に会って、その徹底抗戦論を聞いたが、この二人の知者

孔明と周瑜

の意見はこの三点において共通していた。この点を考えれば、孫権側は無勢であっても、絶対不利の劣勢から逆転攻勢に出る余地は十分にのこされていた。孫権はこれを理解した。多数を占めていた和平講和派の意見をおさえて、劉備と手を結び、曹操の大軍を積極的に迎え撃つことにした。

周瑜は孫権にいった。「曹操が送り付けた書簡には、兵八〇万とあるのをみて、皆おじけついておりますが、実際のところ、中原から率いてきた兵は一五、六万に過ぎません。それも長い遠征で疲れきっています。併呑した劉表の兵も多く見積もって七、八万。それも帰順したばかりなので、死に物狂いに戦う気持ちはありません。多勢といっても怖れるにたりないのです。こちらは精兵五万、充分に太刀打ちできます」。

建安一三（二〇八）年の冬十月、江陵を発して長江を下ってきた曹操の水軍と、東から長江をさかのぼってきた周瑜・劉備の連合水軍とが、赤壁の地において激突した。

❖赤壁の戦い

赤壁の戦いが行われたのは、湖北省嘉魚《かぎょ》県の東北、長江南岸にある切り立った赤色の崖がみえるあたりであった。両軍がこの地で遭遇したとき、周瑜、孔明が見通していたように、曹操軍は遠征の疲労がたたって、疫病に冒される者があいつぎ、威風堂々たる船団の外見とちがって、いっこうに船内の士気はふるわなかった。緒戦でこぜりあいがあったが、いずれも曹操軍の旗色は悪く、そのために曹操は赤壁の対岸烏林に船団を集結させ、攻撃の機をうかがうことにした。周瑜の火攻めの計が成功したのはこのときのことである。『十八史略』巻三にはその経過をじつに要領よくまとめている。

周瑜の部将、黄蓋《こうがい》曰く。曹操の水軍、まさに舟艦をつらね、首尾相接す。焼きて走らすべしと。すなわち蒙衝《もうしょう》闘艦十艘をとりて、燥荻枯柴《そうてきこし》をのせ、油をその中にそそぎ、帷幔《いまん》につつみ、上に旌旗《せいき》をたて、あらかじめ走舸《そうか》を備えて、その尾につなぐ。まず書をもって操に送り、いつわりて降らんと欲すとなす。時に東南の風、急なり。蓋は十艘をもって最も前につけ、江の半ばに帆をあげれば、余船は次をもって倶に進む。操の軍は、皆指さしていう。蓋降ると。去ること二里余にして同時に火を発す。火ははげしく風猛く、船の往

赤壁　周瑜の陣側から曹操が軍
船を留めた烏林方向をのぞむ。

くこと矢の如し。尽く北船を焼く。烟焔《いんえん》、天にみなぎり、人馬、溺れ焼く。死者、はなはだ多し。瑜等、軽鋭をひきい、雷鼓して大いに進む。北軍、大いに破れ、操は走り還る。

これによると、季節的には吹くはずもない東南の風が、偶然にも猛烈に吹き始めて、火攻めの計は成功を収めたことになっている。しかも千軍万馬の古狸が、周瑜の部将、黄蓋にまんまとだまされている。

曹操ともあろう者が、こんな子供だましのような手に乗るはずはあるまいと、私は思うのだが、たしかに曹操の側には遠征の疲労と疫病の流行でおおいに悩まされていた内部事情があり、そのために烏林《うりん》の岸に大船団をつないだまま、孫権側の水軍の動きをみていたのである。官渡の戦いで曹操が窮地に立たされていたように、赤壁の役でも、思わぬ疫病という大敵にあって曹操が窮していたのは事実である。

❖曹操、敗北を喫す

このとき黄蓋が偽りの降伏を申し入れてきた。曹操は疑いながらも、結局はそれを信じてしまったところをみると、官渡の戦いのさいに寝返った袁紹の参謀の許攸《きょゆう》を信じ、彼の策を入れて、形勢を逆転させた先例があっただけに、呉の降将黄蓋を受け入れることによっていまひとつ士気のあがらぬ窮地からぬけだすことができるのではないかと、曹操は考えていたとみられないこともない。その結果、まんまとだまされた曹操は火攻めの計に攪乱されて、決定的に敗北したと。

だから、敗北を喫した曹操には、赤壁の戦いでは、周瑜の水軍に挫かれたのではなく、自軍が疫病にかかり、それを生じた悪地の江南から、船を焼いてみずから兵を還して避難したのだという見方が一貫して存在していた。それは、『文選』にのこる曹操の書記官で「建安の七子」と称された文士の一人であった阮瑀《げんう》の「曹公の為に書をつくり孫権に与う」と題する書簡のなかの曹操の述懐をみても、それがよく分かる。赤壁の戦いで敗北した最大の原因は、「疫気に遭い、それにかかった」がためであると、曹操が本気で信じて疑わなかったのは、かならずしも負け惜しみから出たものだけではなかったであろう。

赤壁の敗北は、中国に新たなる三国鼎立《ていりつ》の局面を出現させた。孫権は、荊州の要衝の地である江陵を制し、周瑜がこれを守った。その勢力は西の荊州から東の揚州まで、長江の下流から中流域に広くおよんだ。

劉備は、荊州の長官におさまり、荊州の長江以南、現在の湖南省を領有し、湖北省の公安に本拠地を構え、遠く長沙の南にある辺境の地まで支配下に入れた。それからやがて巴蜀の地に入った劉備は、呉の孫権とならびたち、魏の曹操を西北からおびやかす存在となるのである。

たしかに赤壁の戦いは、その敗因がいずれにあるにせよ、天下制覇をめざした曹操にとって、大いなる挫折であった。

一四 「求賢令」と荀彧の死

❖「求賢令」を発令する

赤壁の戦いで敗れた曹操はふたたび中原の覇者としての地固めに取り組んだ。建安一五（二一〇）年に発した「求賢令」がそれであった。近い将来、天下の平定に乗りだす時に備えて、いまからすぐれた人材を発掘し、蓄えておく必要を曹操は切実に感じていたのである。

現在なお天下は定まっていない。いまこそ賢者が必要なときである。廉直な人士でなければ用いないなどと、悠長なことを言っていたならば、はたして春秋時代に斉の桓公は、天下に覇をとなえることができたであろうか。いま天下にそまつな着物を着たままで、玉のような志を抱いて渭水《いすい》のほとりに釣り糸を垂れていたあの太公望《たいこうぼう》のごとき賢者がいないはずはないのだ。それに、兄嫁と密通したとか、不浄な金を受け取ったとかいわれて非難されたが、漢の高祖にみいだされたかの陳平《ちんぺい》のように才能をもちながらも、みとめてくれる人物に会えないでいる者がきっといるはずだ。諸君、余を助けて、世間に隠れている人材をみつけだせ。ただ才ある者のみ、これを挙げよ。余はこれを用いるであろう。

ときに曹操は五四歳。いまだ天下を制覇する功業は実現していなかった。はやる気持ちが、おさえがたく、人材の発見登用に彼を駆り立てたのである。「ただ才ある者のみ、これを挙げよ」という曹操は、廉潔徳行の賢者を求めたのではないのだ。徳と才を兼ね備えた賢者を待つほどに、悠長に構えてはいられなかったのだ。事態は急を要していた。徳目にとらわれて、現実に対応できない人物は必要ではないのだ。乱世を自分とともに乗り越え、天下を安定させる目的のために、才能を発揮できる人物こそが必要なのだ。

曹操の「求賢令」は、赤壁の敗戦から立ち直り、その痛い体験を糧として、将来につなごうとするやみがたい現実の要請から出たものであった。

曹操の腹心に郭嘉《かくか》という人物がいた。荀彧《じゅんいく》の推挙があって曹操の臣下となった者だが、品行が修まらず、しばしば「清流」派知識人で曹操の大臣となっていた陳羣《ちんぐん》から、弾劾されていた。郭嘉はそれでも泰然自若としていた。曹操も、そうした郭嘉を信頼し重用した。しかも曹操は厳正な品評を下す陳羣のほうも高く評価した。

郭嘉は曹操がみこんだとおりにたびたびの戦いで的確な献策を行い勝利に導いた。「郭嘉だけが、わたしの気持ちがよくわかる」と、曹操はたたえたほどであった。烏桓《うかん》を討った直後に、三八歳の若さで、郭嘉は病没した。その後、赤壁の戦いで苦杯をなめた曹操は、「郭嘉が生きてくれていたなら、こんなことにはならなかったであろうに」と嘆いたという。

この嘆きが、「求賢令」となって現れてきたのである。

この年の一二月、曹操は四つの県、食邑三万戸を拝領したが、そのうち三県を辞退して、後漢の献帝に二心がないことを示した。

具体的にいえば、献帝が曹操にあたえた四県のうち陽夏・柘《しゃ》・苦の三県二万戸を奉還し、武平県の一万戸だけを頂戴したのである。こうして曹操は天子に臣下として天下取りの野心がないことを明らかにし、漢室を奉戴する意志を公表したのである。

この時期の曹操の実力をもってすれば、漢室をつぶし、みずから献帝に代わって天子となるのは、たやすいことであったはずだ。にもかかわらず、彼は漢室を簒奪する気持ちがまったくないということを、こういうかたちで表明しなければならなかったのは、なぜであろうか。

その理由の一つは、いまだ天下の平定が成就していない局面では、漢室を奉戴している自分の位置が正統であることを、あらためて天下に知らせておく必要ありと、曹操が判断したからであろう。

それに、ここまでたどりついたのは、漢の王室を助けるという大義名分のもとに戦ってきたからであり、この機会に率直にそれを認め、それに感謝しておきたい気持ちが曹操に働いていたことも事実である。漢室に代わって曹魏氏の王室を建てるには、時機の熟するのを待たねばならないし、それは柿が熟して落ちるように自然にまかせておいても、そう遠いことではないという判断が曹操にはあったのだ。

むりに漢の帝位を簒奪して、世間の人々から恨みを買い、多くの敵をつくるよりも、漢の帝が自然に衰えたとき、それを譲り受けるしっかりとした受け皿が必要と考えていた曹操は、建安一六年に、自分の後継者と定めた次男の曹丕《そうひ》を、副丞相に相当する五官中郎将に任じ、詩人としても名高い三男の曹植《そうしょく》を平原侯に封じた。そうしておいて、曹操はつねづね外に向かって、「もし天命がわしにあるとしても、わしは周の文王となろう」といいつづけた。殷の天下三分の一を領有しながらも、殷の臣下として終始した周の文王のようでありたいというのである。

たしかに、曹操はついに漢の帝室を簒奪することはなかったが、周の文王たることを、みずから裏切ることになる事件を引き起こしている。

建安一七（二一二）年、曹操の重臣董昭《とうしょう》は、曹操の爵位を進めて魏国公となし、その勲功を顕彰すべきだとして、まえもって曹操が最も信頼している荀彧《じゅんいく》に相談をもちかけた。

ところが、董昭の予想を裏切って荀彧は、曹操が義兵を起こしたのは漢の朝廷を救い国家を安定させるためであったのだから、そのようなことを進めるのはよろしくないと主張した。

❖荀彧、曹操の逆鱗にふれる

もともと荀彧は後漢末に「清流」派知識人を簇出《そうしゅつ》した潁川《えいせん》郡の出身で、その正統的存在であった。「清流」派知識人はあくまで漢王朝の衰微を哭し、その復興を志すこと、身を殺して仁をなすこと、家を破っても国のために尽くすことを使命とする。荀彧もまた曹操に協力を惜しまなかったのは、漢の帝室を救い、国家を安定させることにおいて曹操が最も有力な人物とみこんでのことであった。

曹操が魏国をつくり、魏国公となって、王権に近づき、漢室の一員となることに、荀彧が反対したのは、「清流」派知識人として当然であった。これが曹操の逆鱗にふれたのである。

『三国志』魏書の荀彧伝の注に引く『魏氏春秋』によれば、荀彧は曹操に迫られて自害して果てたことになっている。

曹操は荀彧に食べ物を贈ってよこした。荀彧が開けてみると空っぽの器だった。そのために荀彧は毒薬を飲んで死んだ。

このとき、すでに曹操にとって荀彧は邪魔な存在となっていたのだ。周の文王たらんとする、表向きの宣言とは裏腹に、曹操は後漢王朝に取って代わる日をはっきりと射程距離のうちに入れていた。そのとき、最も信頼してきた荀彧が待ったをかけたのである。荀彧が曹操に自裁を勧められたのは、そのためであった。

『荀彧別伝』には、曹操が荀彧の功績をたたえて、献帝に上奏したことばがある。

わたしは初めて義兵を起こして以来、天下にあまねく征伐を行うにさいして、荀彧と力を合わせ、心を一つにして、国家の計略を立ててまいりました。荀彧の述べた意見、授けた計策は実施するたびに、ことごとく成績をあげたのでございます。荀彧の功績に頼ってわたしは成功を収めたおかげで、浮雲をきり開いて、日月の光を輝かせることができたのです。

これは、曹操のいつわらぬ気持ちであったにちがいない。とりわけ、曹操をほとほと感心させたのは、荀彧の適正な人材登用術であった。彼が前後して推挙した人物は、司馬懿《しばい》・辛毗《しんし》・

杜襲《としゅう》など、みな一代の英才ばかりである。

このように、荀彧が同郷の潁川《えいせん》郡から取り上げた荀攸《じゅんゆう》・鍾繇《しょうよう》・陳羣《ちんぐん》・郭嘉《かくか》、それに北海・東海郡の出身で、招き寄せた華歆《かきん》・邴原《へいげん》・崔琰《さいえん》・国淵《こくえん》などは、いずれも後漢末に名をあげた「清流」派の人士か、さもなくばその思想的・学問的な系譜につらなる逸材ばかりであった。惜しい人物であった。

❖魏国の誕生

荀彧の死の翌年、つまり建安一八（二一三）年に、曹操は望みどおり魏国公となり、魏国をつくり、その都を鄴《ぎょう》に定め、尚書・侍中・六卿などをおき、漢の王室に代わって、鄴都で行政ができるようにした。五官中郎将になっていた曹丕が正式に魏国公の太子となったのも、この年のことであった。そればかりではない。天子と同じように、曹操は土地神と五穀神を祀る社《しゃ》稷《しょく》を、それに自分の祖先を祭る宗廟を鄴に建てている。

こうした曹操の一連の行為に、漢室簒奪の志ありとみた献帝の皇后伏氏《ふくし》は、父の伏完《ふくかん》と連絡して曹操殺害計画をひそかに練っていた。ところがその密書が曹操の手に渡り、激怒した彼はその夜のうちに伏完の邸に兵をさしむけ、その一門の人々を老弱を問わず捕らえて獄に下した。一方謀議が漏れたことを知った伏皇后は後宮の二重壁の間に身を隠していたが、ふみこんできた兵士に発見され、髪をつかまれて引きずりだされた。傍らから献帝が哀願して許しをこうたが、彼女は裸足のまま引き立てられた。ただちに曹操は伏氏一族をことごとく殺し、幽閉していた伏皇后には毒を盛って、これを殺害した。建安一九年のことであった。

この事件をまっていたかのようにまもなく曹操は三人の娘を貴人として献帝に配している。これでほぼ受け皿としての魏公国の国家体制が整ったのである。

一五　「五斗米道」教国を懐柔

❖「五斗米道」教国

この間、曹操は魏国の体制づくりだけに専念していたのではない。建安一六年三月には、現在の陝西《せんせい》省漢中県に「五斗米道《ごとべいどう》」教国を築いて、隠然たる勢力をもっていた張魯《ちょうろ》を、曹操は部下の鍾繇《しょうよう》に攻めさせた。ところが、漢中にいたる途中、長安以西に割拠していた馬忠《ばちゅう》、韓《かん》遂《すい》などの諸軍閥が曹操の西征に脅威を感じて結束し、一〇万の兵衆を動員して、長安に近い潼《どう》関《かん》の地に立てこもり、曹操軍の西征を阻止せんとした。ために、七月、曹操はみずから出陣。奇計を用いて馬忠と韓遂の仲を割いて、馬忠を敗走させ、夏侯淵《かこうえん》を長安にとどめて、この地方のおさえとした。

再度、漢中の張魯を討つべく曹操が出撃したのは、建安二〇年の春三月のことであった。

漢中とは、先秦の時代から設けられた郡名であるが、いまの陝西省南部から、湖北省北西部を含む地方をさしていた。当時、郡役所は陝西省の南鄭《なんてい》におかれていた。この漢中には、陝西省の高地に源を発する漢水が東南に流れていて、現在の湖北省の漢口で長江にそそいでいることもあって、南方長江沿岸の中流域にもちかく、東は長安、西は巴蜀《はしょく》とよばれた益州に接し、政治的にも経済的にも重要な地域であった。

この漢中地方に、「太平道」とほぼ同じ教義をもつ「五斗米道」信仰が根づき、それを核として独立教国がつくられたのである。

張　角

東方の張角《ちょうかく》（?〜一八四）がとなえた「太平道」の太平の文字は、むかしから、中国農民の間に強い願望として生きつづけてきた、身分差別のない平等で、平和なユートピア思想の理念を表すことばであった。「黄巾の乱」は、その実現をめざした民衆の革命的な蜂起であったが、ほぼ一年で壊滅してしまった。その後二〇年にわたって各地で黄巾軍は拠点闘争をくりひろげるが、いずれも散発に終わってしまったことは、先にふれたとおりである。

ところが、漢中地方に樹立された「五斗米道」教国は、張魯（?〜二一六）というすぐれた教主の指導のもとに、「黄巾の乱」からほぼ四〇年間、自立した独立国家として漢王朝の支配権外にあって存続してきたのである。

フランスの中国学者アンリ・マスペロ（一八八三〜一九四五）は、その著書『道教』のなかで、「五斗米道」教国の行政組織についてこう述べている。

> 実際に、行政組織は全く宗教的であった。法と道徳とは完全に混同されていた。犯罪ではなくて、ただ罪過だけがあった。刑罰は贖罪《しょくざい》にかわった。張魯のところでは、酩酊《めいてい》と放浪と窃盗は同等にあつかわれ、懺悔《ざんげ》と悔いあらためる慈善行為は、たとえば百歩の道を自分の手で、あるいは自分が金を出して修理することなどによって、罪があがなわれた。
>
> 刑罰を用いるのは三回罪を犯したものにたいしてだけであった。しかし、原則としては、それも必要ではなかった。あらゆる罪を、たとえば盗みは、《無何有郷》におけると同様に、罪人が遅かれ早かれ、かかるところの病気によって、その当然の罰を受けた。したがって病気は、罪そのものよりも重い制裁を受ける対象であった。牢獄は普通の罪人のためには廃止されたが、張魯によって病人のためにふたたび設けられた。これは「静室」（隠退の家）とよばれ、病人たちは自己の罪を反省するために、そこへ送られた。そのうえ、かれらと、その子孫たちは年に五斗の米を、年貢として支払わなければならなかった。

五斗の米は、帰依していないものの目に、道教の特徴的なしるしの一つとしてうつった。かくて、唐代まで、道教徒は、「奉五斗米道黄老之徒」（五斗米道の信奉者・黄老の徒）とよばれたのである。（川勝義雄訳、東洋文庫本）。

❖「義舎」

張魯は漢中の各地にいる「祭酒」（司祭）たちに「義舎《ぎしゃ》」というものをつくらせた。それは、史家の陳寿にいわせると、亭伝、つまり駅舎と似たものであったらしい。そこに義捐《ぎえん》の米や肉を蓄えておいて、必要なだけぶらさげておいた。旅人や浮浪者が通りかかって、「義舎」で休息し、腹のすき加減に応じて、彼らに満腹するだけのものを取らせるようにした。もしも、彼らが必要以上の米肉をとった場合には、妖術でたちまち病気をもたらすというのだから、おそらく旅人や浮浪者も無茶苦茶には取れなかったであろう。

幸田露伴にいわせると、「義舎」の形態はもっとすすんでいたことになっている。「義舎を造り、酒食を与へたことも、三国志の注に引かれている典略には、行旅の者の為にしたように記されているが、単に行旅者の為にしたのではなく、全く同宗の道者のためにしたことと考へられる。具道に帰依《きえ》したものは平等に居処《きよしよ》を得ることにしたので、時の政治の様式以外に出た政治（非政治的で即ち宗教的）の下に生活を楽しみ得るやうにしたのである。穏和な社会主義よりも今一歩進んだ共産主義的生活を現じたのである」（露伴全集第一八巻「道教思想」）というのである。

それにしても、満腹するだけ食べよというのだから、人々は喜んで「義舎」に身を投じたにちがいない。規則に違反した者は、三度まで許され、そのあと刑罰を受けた。ささいな犯罪であれば、犯人は道路を一〇〇歩の間自分で修理すればよかった。それで罪は免除されたので、漢中全域の道という道はきれいに整備されたという。春と夏には、死刑と狩猟などいっさいの殺戮《さつりく》を禁じ、また飲酒を禁じた。

しかも、県の役人のようなものはいっさいおかずに、すべて「祭酒」によって治めさせた。おおまかな祭政一致の政治制度であったが、民本主義に根ざしていたので、漢中の民衆も、そこに雑居していた蛮族も、その制度を便利として歓迎した。こうした評判はたちまちのうちに、中国各地に伝わった。この漢中に移住してくる者が、しだいに増えてきたのは、自然のなりゆきであった。そのなかには、中国各地から戦火に追われてやって来た流浪の民もいたし、「黄巾の乱」が起こっていらい、鎮圧された反乱軍の残党もいた。彼らは漢中の地に入って「五斗米道」に改宗して、その兵力となったのである。

こうして、張魯は、ほぼ三〇年の間、益州の巴郡を含めて、漢中地方に覇をとなえることができた。後漢末の朝廷はこれを征討する力をすでに失っていたので、わざわざ使者を送り、鎮民中郎将に任じ、漢寧太守の官位をあたえ、貢物を献上する義務だけを課し、いっさいの内政、外政に容喙《ようかい》しない態度をとった。

まさしくこれは、後漢末の腐敗政治のあおりをくって、搾取と収奪に苦しんだ民衆にとって、ユートピアにもひとしい一大解放地区の出現を意味していた。

張魯は「天師君」とよばれていたが、これはあくまで、「五斗米道」という宗教組織の頂点にたつ教祖の称号であった。

❖陽平関陥落

建安二〇（二一五）年に、華北を統一し終えた曹操は張魯を征討すべく、散関から武都に出て漢中に向かった。曹操の大軍が陽平関まで押し寄せてきたとき、張魯は降伏しようとしたが、弟の張衛《ちょうえい》が数万の軍勢を率いて陽平関を防御して、頑強に抵抗した。

曹操は、漢中を攻撃するのはたやすいという情報を得ていた。陽平関の城下は南北ともに、山から遠く離れた平野にあり、張魯軍がそれを守りきることはとうてい不可能だというのだ。ところが、陽平関の現場に臨んでみると、聞いていたのとはおおいにちがっていた。曹操がこれは容易ではないぞと思ったとおり、山上にある陽平関の守りは堅く、攻めても攻めてもなかなか落とせないうえに負傷者が続出した。

さすがの曹操も意気をそがれ、山上からの追撃路を断って、軍の引き上げを決定した。

そこで、まったく思いもかけぬ異変が起きた。最後に撤退した後衛軍が、夜中になって道に迷い、誤って敵の陣営のなかに飛び込んでしまったのだ。驚いたのは、飛び込まれた張魯軍のほうで、これは敵の襲撃かと慌てふためいて逃げ失せてしまった。これを知って曹操軍は勢いづき、反転して攻撃に出て、ついに陽平関を陥落させてしまった。

陽平関が陥落したと知った張魯は、曹操に全面降伏しようとしたが、参謀の閻圃《えんほ》が、「いま追い詰められた状態で、降伏したのと、抵抗できるだけ抵抗したあとで、曹操に臣礼をとるのとは、評価がちがいます」と、思いとどまらせたので、張魯はいったん本拠地の南鄭《なんてい》を脱出し、巴中《はちゅう》方面に逃げ延びることにした。

南鄭脱出のさい、張魯の側近の者たちは、「五斗米道」教国の蔵の財宝をことごとく焼き払ってしまおうとしたが、張魯はそれをおしとどめていった。「わしはもともと国家に帰順したいと願っていたが、それが伝えられないうちに戦となったのだ。いま逃亡するのも矛先をかわすためで、悪意はないのだ。財宝はすべて国家のものだ」。かくして南鄭の蔵を封印して立ち去った。これがまた張魯に幸いした。

❖張魯の待遇

曹操は南鄭に入城して、蔵が封印されたままで、財宝が手つかずであることにいたく感心した。張魯は本来善良なこころをもった人物で、帰順の意志があることを知った。巴中に逃亡した張魯のもとに、曹操の使者がやって来て、慰撫《いぶ》説得につとめた。帰順せよというのである。張魯は喜んだ。家族全員を引きつれて、曹操のもとに出頭した。

曹操は張魯を出迎え、さっそく鎮南将軍の位を授け、賓客の礼をもって待遇した。さらにあらためて閬中《ろうちゅう》侯に取り立て、一万戸をあたえた。彼の五人の子ばかりでなく参謀の閻圃《えんほ》もそろって列侯に取り立てた。『魏略』によると、黄初《こうしょ》年間（二二〇～二二六）、これは曹操の没後であるが、閻圃の爵位と領地を加増し、朝議の席で礼遇したという。これは、閻圃が張魯をいさめて王号を名乗らせなかったことを、曹操父子が高く評価した結果であった。これについて習鑿歯《しゅうさくし》という歴史家は、曹操が閻圃を列侯に取り立てたことを、批評している。

流れの源をふさいだならば、下流の流れがおのずからとどまるとは、このことをいうであろうか。もしこのことをはっきりさせずに、戦火をくぐって戦った者の功績だけを重視したり、死力を尽くして戦った者だけに、高い爵位や手厚い恩賞をあたえたならば、俗人は乱世こそ利益になるチャンスだと考え、争って殺戮《さつりく》し、武器と力を頼みにするようになり、戦いはいつまでも終わらないであろう。曹操の閫閫にたいする封爵は、賞罰の根本原理を認識したもので、むかしの聖王といわれた殷《いん》の湯王《とうおう》、周の武王《ぶおう》も、曹操以上のことはできなかったであろう。

たいへんな褒めようである。『資治通鑑《しじつがん》』の司馬光《しばこう》も、この習鑿歯の論評をわざわざ引用におよんでいるところをみると、武功よりも、道義にかなった功績を高く評価することが、世の中を平和にする方法だとみていたのであろう。

その後、曹操はさらに張魯の娘をわが子の曹彭祖《そうほうそ》の嫁に迎えた。張魯は死没すると、原侯という謚《おくりな》をあたえられ、その子の張富《ちょうふ》が跡を継いだと記して、『三国志』蜀書の張魯伝は結ばれている。

一六　曹操、魏王となる

❖司馬仲達の進言

曹操が張魯の支配下にあった「五斗米道」教国を懐柔して、漢中地方を手中に収めたとき、司馬懿《しばい》、字は仲達《ちゅうたつ》、のちの西晋国の創始者は、丞相主簿の位にあって、曹操の参謀として陽平関の実戦に参加していた。彼は曹操に進言した。

「土着の巴蜀の民は劉備にだましとられて、これに懐いておりません。それなりに、遠く荊州の地に出て呉と争っています。この機を逃さず、蜀に入られたならば、劉備の勢力が瓦解することと必定です」

当時、曹操の漢中征討のあおりを受けて、益州（巴蜀）の長官劉璋《りゅうしょう》は、曹操を恐れて荊州牧の劉備に応援を頼み、それに応じて益州入りした劉備によって益州をもぎとられていた。この政情不安定な益州をいまこそ討つべきだというのである。

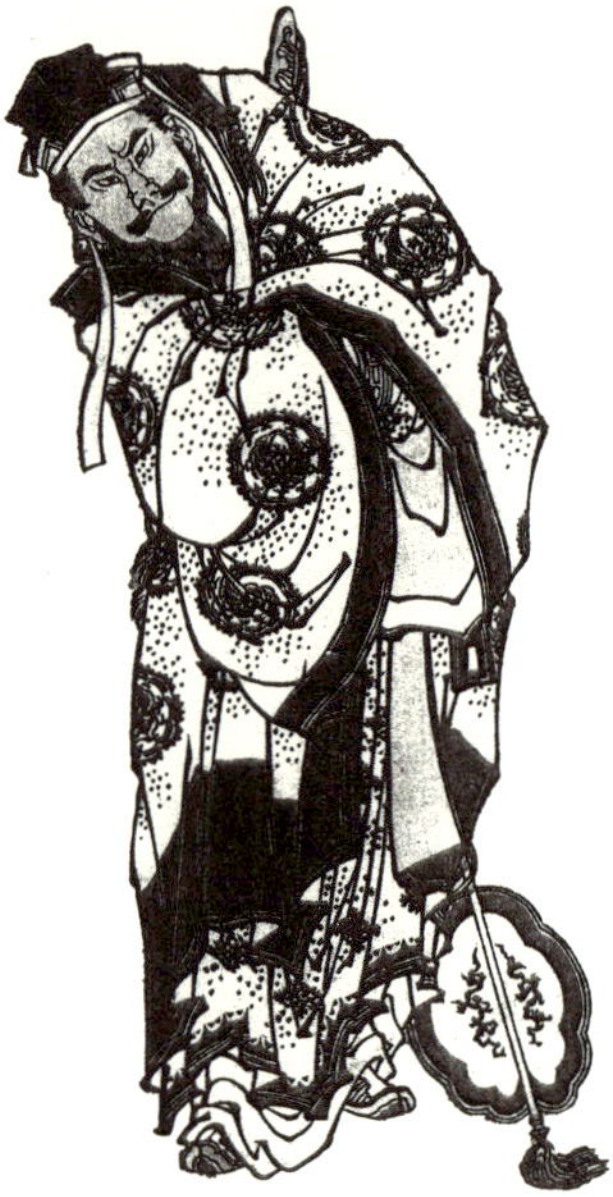

司馬仲達

この司馬仲達にたいする曹操の答えはこうであった。

「人は足るなきに苦しむ。すでに隴《ろう》を得て、また蜀を望むか」

これは、後漢の光武帝がいまの甘粛省の隴を掌中に収め、さらに蜀の公孫述《こうそんじゅつ》を討って天下を統一した故事をふまえて、いま漢中の張魯を平定して、さらに蜀まで討てというかと、冗談を飛ばしたのである。赤壁の戦いで、荊州を攻略したのち、さらにその勢いに乗って、そのまま呉に攻めこんで一敗地に塗《まみ》れたにがい経験を、曹操は忘れていなかった。

❖建安一九年の「求賢令」

曹操は建安一九（二一四）年に再び「求賢令」を出している。そのなかで、「そもそも徳行にすぐれた人間は、必ずしも行動力があるわけではないし、行動力のある人間にかならずしも徳行が備わっているわけではない。陳平《ちんぺい》は行いが篤実であったか。蘇秦《そしん》は信義を守ったか。しかしながら、陳平は漢の建国を助け、蘇秦は弱国燕《えん》を救済したのだ。このことから考えるに、欠点のある人間といっても、捨てるわけにはいかぬ。所官庁がこのところを心得れば、見過ごされる人士はいなくなるし、仕事をしない役所もなくなるであろう」と発令している。

要するに、身分もあり、人格者で徳行が備わったものが、実力、決断力、智力にもすぐれたとはいえない。能力さえあれば、多少の道徳的欠陥があり、不徳のそしりがあろうとも、これを見過ごさずに登用せよというのである。

漢の時代では、郷党の間で、孝行、廉直、つまり「孝廉」の誉れ高くなければ、中央政府の官吏登用試験にも受ける資格は得られなかった。これに比べれば、曹操の「求賢令」は破格であった。

これは乱世を生きぬき、その頂点に立った曹操が身にしみて体得した知恵であった。彼自身もいやしまれた宦官《かんがん》の家に生まれ、人にさげすみを受けながら、時に不良の遊びにふけって、立身のコースから遠く離れた経験を持っていた。しかも、赤壁の戦いに敗れて天下統一はまだ遠いと曹操が自覚せねばならぬ時期であった。なんとかして自分を補佐してくれる優秀な人材を集めることが急務であった。

曹操はかつて自分に敵対していた者でも、のちに自分に帰属した者で、才智と実力を備えたものであれば、喜んで迎え入れている。建安一三（二〇八）年、劉表が太守として支配していた荊州を降したさいに、自分の腹臣で、許《きょ》の都にいた留守居役の荀彧《じゅんいく》に手紙を出して、こう書き送っている。

「荊州を得たるを喜ばず、蒯異度《かいいど》（蒯越《かいえつ》）を得たるを喜ぶのみ」と。荊州を降して領土を拡大したことよりも、一人の策士蒯越を幕下に迎え入れることができた喜びを荀彧に伝えたかったのである。

曹操は才能さえあれば、たとえ裏切り者でも許した。先にのべた魏种《ぎちゅう》の場合がそれである。一度裏切った魏种の才幹を認めていたので、その縄目をといて、ふたたび起用した。この態度がそのまま形をかえて発令されつづけたのが、「求賢令」であった。

❖曹操、魏王となる

建安二一（二一六）年には、魏公から魏王に昇った曹操は、劉を姓とする漢の皇族でなければなりえない爵位を受けた。こうした曹操の動きに反発する者も少なくなかった。『資治通鑑』の漢孝献帝二一年のくだりをみると、魏王となった曹操の功徳をたたえた上奏文をさしだした楊訓《ようくん》が軽薄で追従《ついしょう》の徒だと冷笑され、それを読んで批評した中尉の崔琰《さいえん》が曹操に誤解されて死を賜り、その仕打ちに不満を抱いた毛玠《もうかい》までが免職となり、ほどなく自宅で死んだと伝えている。

崔琰は字《あざな》を季珪《きけい》、清河《せいか》郡の東武城県の出身で、司馬仲達をみいだした見識高い名士で、荀彧と同じく、「清流」派の知識人に近い存在であった。毛玠は字を孝先《こうせん》、陳留郡平丘の人で、曹操に天子を奉じ、屯田を起こして財政的基盤を固めることを勧めた功臣であった。この二人を曹操は荀彧につづいて殺したのだ。曹操の野心を思い知らされた事件であった。

建安二三（二一八）年、こんどは劉備が漢中に攻め込んできた。翌年の正月、劉備は陽平関より南下して沔水《べんすい》を渡り、定軍山に陣を構えて魏軍と対戦。魏の総大将夏侯淵《かこうえん》の首級をあげて勝利を収めた。三月、事態を重視した曹操はみずから兵を率いて出陣、長安から斜谷道をぬけ陽平関に到達して、蜀軍を一気に踏みつぶすつもりであったが、要害を盾に抵抗する劉備を二か月も攻めあぐんだ。その間、脱走兵が続出するとあっては、さすがの曹操も形勢不利と判断し、いちはやく撤退命令を出した。

「鶏肋《けいろく》だ」。ただこのひとことだけであった。

軍吏たちはなんのことだかわからない。主簿の楊修《ようしゅう》だけが、この命令を聞くなり、引き揚げの支度を始めた。そのわけを尋ねると、楊修の答えはこうだった。

「鶏肋、つまりニワトリのガラというものは、捨てるには惜しいが、食べようとしたって肉はない。漢中という土地はそんなものだというわけだ。撤兵だとぴんときたよ」

こうして漢中を放棄したが、戦闘の最中で、しかも敗北が目に見えている状況下にあって、かくも機知に富んだことばを吐く曹操には、余裕さえ感じられる。「鶏肋」という味のあることばで、機敏に撤退を決断することができる余裕も、乱世に覇者たらんとする者の一つの条件であった。

このとき、すでに曹操は六五歳。死を間近にひかえていた。

一七　偉大なる英雄曹操の死

❖天下三分の計

劉備が漢中地方から曹操の勢力を追いだして、ようやく「天下三分の計」が現実のものとして機能しはじめた矢先のこと、長江中流域の公安・江陵の根拠地で荊州守護にあたっていた関羽はみずから兵を動かして、魏の荊州における前線基地であった樊城《はんじょう》にむけて攻撃に出た。

主人劉備の漢中制圧に呼応するかたちで、南から魏を攻めて荊州の北部を占領し、漢中と荊州をまっすぐにつなぐ軍事行動を関羽は策したのだ。もしこれに成功すれば、劉備の中原制覇は容易になると、関羽はみていたにちがいない。

樊城には、曹操の弟の曹仁が征南将軍としてこれを守っていた。関羽は葦下の部将麋芳《びほう》と傅《ふ》士仁《しじん》のそれぞれに、荊州における蜀の根拠地である江陵と公安をゆだねて、出撃した。

その夏八月には、荊州に大雨が降りつづき、樊城の近くを流れる漢水が氾濫した。水上戦と

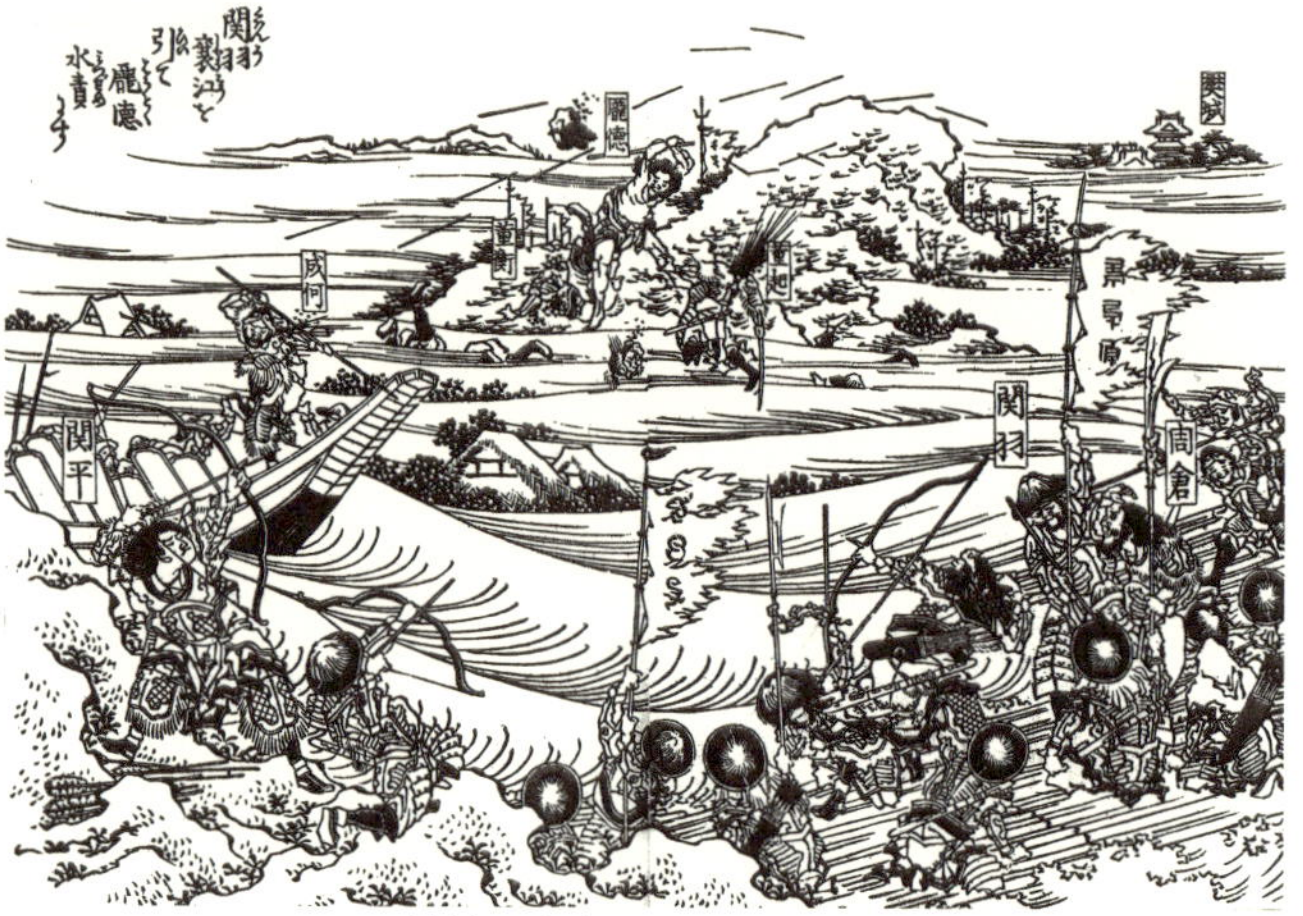

樊城を水攻めにする関羽軍

なると、関羽は魏軍の諸将に比べて、はるかに熟達していた。おおきな兵船を使って関羽は、樊城の外にあって、曹仁の援護にあたっていた魏の猛将于禁《うきん》・龐徳《ちょうとく》を追撃して、龐徳を血祭りにあげ、于禁を捕らえた。これで、曹仁以下数千の守備兵の立てこもる樊城は、水浸しのなかで完全に孤立した。

このときの関羽の威勢は、たしかに樊城をひとのみにして、漢の献帝の行在所となっていた許の都まで、一挙に攻めのぼるかのごとき気配さえかんじさせた。

曹操は本気で、一時は献帝を河北の地に遷そうと考えたほどであった。このあたるべからざる関羽の鋭鋒をおそれたのは、曹操ばかりではなかった。荊州支配をめざしていた呉の孫権《そんけん》もたしかに畏怖を抱きはじめていた。

魏の参謀の司馬仲達と蔣済《しょうさい》は、許の都から天子を還すことは人心に動揺をあたえるという理由で反対した。しかもこのきわめて有能な参謀たちは、目前に迫っている樊城の危機を救うためには、呉の孫権にたいして正式に江南の支配権を認めるといううえさをあたえて懐柔し、これを使って関羽を背後から襲撃させてはいかがかと献策した。

曹操はこの大胆な献策を取り上げた。それが成功したのだ。

❖孫権、呉蜀同盟を破棄する

このとき孫権はいかにもサバイバル将軍らしく、またもさっさと呉蜀同盟を一方的に破棄して、曹操についたばかりか、つぎのようなことを曹操に申し入れた。

「わが軍兵をさしむけて西方に溯らせ、関羽の不意を襲って蜀の領地を奪取したいと思います。江陵と公安は長江を挟んでつらなっております。二城を失えば、関羽はかならずや自分で駆けつけます。樊城の包囲は救援がなくとも、それで自然に解けるでしょう。どうかこれを秘密にして漏らさないようにしてください。われらの襲撃の秘密が関羽に漏れれば、それだけ関羽に用心させることになりますから」

曹操はこれに同意し、群臣の者どもにこの秘密を固く漏らしてはならぬと戒めた。もちろん群臣に異論があろうはずはなかった。ところが、ただひとり書記官の董昭《とうしょう》だけが反論した。

「軍事には応変の策がだいじで、事態に合致することが要求されます。孫権の希望にこたえて秘密にしつつ、ひそかにこのことを漏《もら》らすのがよろしいでしょう。孫権が長江を溯《さかのぼ》っている

呉軍に捕えられた関羽

ことを、関羽が知り、もし引き返して防御にまわれば、包囲はすみやかに解け、すぐにもめざす利益は得られます。関羽と孫権の両賊をたがいに江南で対峙させ、いながらに疲弊するのを待つべきです。また籠城している樊城の味方に孫権の救援があることを知らさずにいると、食糧を計算しつつ恐怖し、ひょっとすると二心を抱くかもしれず、その弊害は小さくありません。このことをひそかに漏らすことが最上の策かと存じます」

この董昭の策は奇変に富む奸策であったが、軍中にあっては臨機応変の策であり、殊のほか奇策を好む曹操を喜ばせ、実行に移された。

城中の魏兵は奮い立った。しかし、関羽には、同盟軍の孫権の離反など、にわかに信じられなかったとみえ、ただちに包囲を解いて引き揚げようとはしなかった。

孫権は約束どおり、部将の呂蒙《りょもう》と陸遜《りくそん》に命じて隠密裏に関羽の背後をつかせた。蜀の根拠地公安と江陵は手薄になっていたばかりでなく、包囲中の関羽に兵糧の補給を怠ってしかられていた麋芳と傅士仁は、呉軍の急襲を受けると、あっさりこれに降った。

これは、樊城を包囲して、陥落寸前のところで、あと一手の詰めに関羽が苦労していたときのできごとであった。そのうち樊城には、有力な魏の援軍が到着していた。

洛陽の関帝廟　ユニフォトプレス提供

関羽は進むに進めず、退くに退路を断たれ、万事休した。わずかに当陽の麦城をめざして血路を開いて、そこに籠城したが、さらなる脱出の途中、呉軍に捕らえられて、息子の関《かん》平《へい》とともに斬られた。

❖曹操の死と漢王朝の終息

建安二五（二二〇）年正月、曹操は漢中から洛陽に還ってきた。そこへ関羽の首が孫権から送られてきた。

曹操は旧知の豪勇、関羽の首を眼前にして涙したにちがいない。犠牲をささげてその霊を慰め、その首を香木で刻んだ体と合わせて、王侯の礼をもって、手厚く洛陽の南郊に葬った。英雄を知る英雄のみの惜愛の情がそこにこめられていた。

関羽を葬った同じ正月、洛陽の地で、曹操みずからもにわかに病をえて、ついに不帰の客となり、六六歳の生涯を閉じた。

天下はなおいまだ安定していない。されば古礼にのっとるわけにはいかぬ。埋葬を終えたならば、皆喪服を脱げ。兵卒を率いて駐屯する者は、その部署を離れてはならぬ。官吏は平生どおりにそれぞれの職務を遂行せよ。納棺のさいには平服のままにし、金玉や珍宝を棺に入れてはならぬ。

これが、曹操の遺言であった。

乱世に生まれ、乱世の修羅場を生きぬいてきた覇者らしく、おのれの死に溺れることなく、おのれの生におごることなく、淡々として、しかも雄々しい遺言であった。

この年、建安二五年の一〇月、献帝から帝位を譲り受けた曹丕《そうひ》は、魏の文帝と称し、父曹操に武帝の称号を追贈した。本格的な三国鼎立《ていりつ》時代の幕開けであった。

これで、前後四〇〇年にわたってつづいた漢の王朝は完全に終息した。曹操の死とともに、ついにその幕を閉じたのである。

それほどに、曹操の死は、時代を象徴する偉大なる死であった。

Ⅱ

曹操の文学

一　曹操と「建安の文学」

❖雅に慷慨を好む

中国文学史のなかに、「建安の文学」といわれる文学時代がある。建安というのは、後漢末の献帝が在位した期間の年号である。西暦でいえば一九六年から二二〇年までで、言い換えれば、建安元年から建安二五（二二〇）年までの四分の一世紀におよぶ時代である。後漢末の動乱期に雲霞《うんか》のごとく輩出してきた群雄のなかから、曹操が華北中原の地、いまの北部中国一帯の覇者として確実に抜け出し、のちの魏王朝の基盤づくりをこの時期に行っている。

その曹操が漢の魏王となって死ぬのが、建安二五（二二〇）年の春一月のことである。その跡を襲ったのが、曹操の次男の曹丕である。曹丕は曹操がなかなかふみきれなかった献帝の廃位をやってのけ、禅譲のかたちで、天子の位を譲りうけると、みずから魏の文帝と名乗った。魏国の都を洛陽に定め、黄初《こうしょ》と改元した。ここに、前漢、後漢とほぼ四〇〇年のながきにわたってつづいた漢王朝は潰滅した。

六朝時代の文芸批評家の劉勰《りゅうきょう》は、この二五年間に生まれた「建安の文学」を、「雅に慷慨《こうがい》を好む《つね》」と評し、それは乱離の社会状況が、そうさせたのだとみている。慷も慨も、嘆きいきどおるこころの高ぶりを意味していた。社会的矛盾があれば、それを自分のこととして悩み、悲惨な民衆の姿があれば、他人のこととしてではなく同情を寄せ、いきどおることのできる文学者が現れてきたのである。

こうした「建安の文学」の中心には、この時代をたえずリードした英雄曹操の存在があり、その影響は大きい。彼みずからが、この時代の突出した詩人であり、文学を愛好して、その保護、奨励につとめたからである。

❖建安の文学

曹操のもとには、「建安の七子」とよばれる七人のすぐれた詩人、文人が集まった。孔融《こうゆう》・王粲《おうさん》・劉楨《りゅうてい》・徐幹《じょかん》・陳琳《ちんりん》・阮瑀《げんう》・応瑒《おうとう》である。彼らは平和なときは、宴席で詩才を競い、戦場にあるときは、曹操の書記官として兵馬の間に暮らし、苛酷な現実の真にせまる表現をものにした。いずれも気力にあふれた詩文の作者であり、いずれ劣らぬ個性的な文学者であった。

この曹操を父にいただき、この「建安の七子」を師として、文学的教養に磨きをかけ、曹操

曹丕に疎まれ、迫害された曹植（左）

にまさることはあっても、けっしてひけをとらぬ詩人、文学者となったのが、曹丕（一八七〜二二六）、のちの魏の文帝であり、その実弟の曹植（一九二〜二三二）、のちの陳思王であった。

曹丕は「文章は経国の大業にして、不朽盛事なり」といって、文学はすぐれた政治的事業とひとしい価値を有するものであり、なおかつそれを永遠にすたれることのない盛大な仕事とみたてたのである。これは、それまで政治や道徳にたいして、従属的な価値しか認められなかった文学の価値観をおおいに高からしめた発言であって、いわば時代を先取りする文学の独立宣言であった。

弟の曹植は、唐代に杜甫、李白が出現するまでの五〇〇年にわたって、後世の文学者から、詩の神さまとまで崇められるほどの詩文をのこした。兄の曹丕と皇位継承問題で争い、文帝曹丕とその子明帝曹叡《そうえい》からうとまれ迫害されて、後半の生涯を辺境の地に過ごした。その不遇な境涯のなかから、彼は珠玉のような数多くの詩篇をうたいあげたのである。

李白、杜甫から文学の規範として敬慕された「建安の文学」は、中国文学史の上で一つの文学黄金時代を画していた。その時代の頂点にいたのが、曹操とその文学である。

❖「短歌行」

曹操に「短歌行」と題する四言古詩がある。この詩篇も、乾きやすい朝の露のようにはかない人生の時間にたいする嘆きといきどおりで歌いだされている。

もともと、「短歌行」と題してうたわれていた漢代の民間歌謡は、人間の意志や力ではどうにもならぬ寿命の長短を嘆くことを主題としたものであったという。前漢の崔豹《さいひょう》の『古今注』の説による。

短歌行　　　　曹操

対酒当歌　　酒に対《むか》いて当《まさ》に歌うべし
人生幾何　　人生は幾何《いくばく》ぞ。

譬如朝露　譬《たと》えば朝の露の如し
去日苦多　去りゆく日は苦《はなは》だ多し。

酒を飲むときは、おおいにうたうがよい
人生はどれほどの時間であろうか。
たとえてみれば、朝の露のようにはかないもの
去って行く日のなんとおびただしいことよ。

慨当以慷　慨《がい》して当《まさ》に慷《こう》すべし
憂思難忘　憂思　忘れ難し。
何以解憂　何を以て憂いを解《と》かん
唯有杜康　唯《た》だ杜康《とこう》有るのみ。

おおいに嘆きいきどおるがよい
憂いの思いはなかなかに忘れ難いものだ。
結ばれたつらい思いはなんでときほぐそう

ただそれには酒があるだけだ。

青青子衿　青青たる子の衿《きみえり》こそ
悠悠我心　悠悠《ゆうゆう》たる我が心なり。
但為君故　但《た》だ君が為《ため》の故に
沈吟至今　沈吟《ちんぎん》して今に至れり。

青い襟をつけた君ら大学生こそ
わがこころのはるばると慕うもの。
ただ君らがためにこそ
わたしは今にいたるまで思いにふけってきた。

呦呦鹿鳴　呦呦《ゆうゆう》として鹿は鳴き
食野之苹　野の草《は》を食む。
我有嘉賓　我に嘉《よ》き賓《まろうど》あれば
鼓瑟吹笙　瑟《ひつ》を鼓し笙《しょう》を吹かん。

呦呦と鹿は群れを慕いて鳴き
野の草を食べて楽しむ。
わたしにすばらしき賓客あれば
瑟をつまびき笙を吹いてもてなそう。

明明如月
何時可掇
憂従中来
不可断絶

明明《めいめい》として月の如し
何《いず》れの時にか掇《ひろ》うべし。
憂いは中より来たる
断《た》ち絶《た》つべからず。

あかあかと輝く月
そのようなすぐれた人材といつのときかめぐりあうことができようか。
それを思うとこころの奥から憂いはやってくる
断つすべもなく憂いはやってくる。

越陌度阡
陌《ひゃく》を越え阡《せん》を度《わた》り

枉用相存　枉《ま》げて用《も》って相い存《たず》ねん。
契闊談讌　契闊《けいかつ》　談讌《だんえん》して
心念旧恩　心に旧き恩《よし》みを念《おも》う。

東西南北の田舎のたんぼ道を越えわたり
わたしのほうから腰をまげて訪ねよう。
それからちぎりを交わして飲みながら語りあおう
心のうちでふるい好《よ》しみに感謝して。

月明星稀　月明らかにして星稀《まれ》なり
烏鵲南飛　烏鵲《うじゃく》　南に飛ぶ。
繞樹三匝　樹を繞《めぐ》ること三匝《そう》
何枝何依　何《いず》れの枝にか依《よ》る可《べ》けん。

照りわたる月の夜空に星影は薄れ
かささぎが南をさして飛んでゆく。

そのかささぎがいくたびも樹をめぐりはじめた
ねぐらとすべき枝を求めてきめかねて。

山不厭高　　山は高きを厭《いと》わず
海不厭深　　海は深きを厭《いと》わず。
周公吐哺　　周公は哺《ふく》みしもを吐き
天下帰心　　天が下みな心を帰せぬ。

山はいくら高くともよい
海はいくら深くともよい。
哺みしものを吐いて人を求めた周公に
天下の人々はみな心を寄せた。

曹操の「短歌行」は、まず従来からの主題を襲いながら、はかない人生から生じる憂いとい
きどおりを歌い、それをまぎらわせるものは、酒しかないという。

それは四言という短いフレーズの制約からは、あふれんばかりの雄勁《ゆうけい》な歌い振りである。これまでにも、たとえば漢代の民歌に、人生の短く足早やに去ってゆくのを嘆く詩篇はたくさんあったが、曹操の「短歌行」ほどに、心の高ぶりをそのまま雄々しく歌いあげたものはなかった。

それればかりではない、曹操は短くはかない人生の不条理をふまえて、そのなかで今の自分はなにをなすべきであるかについて、真剣に考えているのが、この歌の後半である。

曹操は乱世にたちむかう英雄であり、乱れきったこの社会を変革するために、自分の課せられた責任は大きいと考えている。この願いを達成するためには、自分独りではできない。有能な人材の助けが必要である。望むらくは、できるだけ多くの才覚のある人材が不可欠であり、それを確保したい。その人材を捜してもとめるためならば、遠き旅もいとわないし、賢明な人材の発掘のために、時間をおしみ、身をただしたあの周公旦《しゅうこうたん》のようにありたいと、曹操は望んでいる。

しかしながら世は乱世である。有能な人材のほうでも、自分を託すべき主人が誰か、それを見定めている。太平の世であれば、上に立つ者は黙っていても、のほほんとしていてもおのずと人が集まってきた。今はそんな時代ではないという自覚が曹操にある。

烏鵲《うじゃく》が依るべき枝をもとめて、いくどとなく樹木をめぐっている風景こそが、その暗喩である。樹木の枝は曹操であり、烏鵲は有能な人材とみてよい。

曹操が広く人材を求めた尺度が、なみのものでなかったことは、さきにふれた。従来の儒教的価値観、孝であること、清廉であることといったモラルにとらわれず、進取の気象のさえ富んで、一芸一能に秀ずるものがあれば、どしどし登用し、多少の道徳的な欠点は問題にもしなかった。

「短歌行」は、人間の不条理とむきあい、それから反転攻勢に打って出る、いかにも乱世の英雄にふさわしい志が歌われていた。そこに、独自の曹操ならではの「短歌行」の世界が存在していた。

二　曹操の従軍詩

❖「却東西門行」

曹操が三軍を叱咤《しった》する将軍であるとともに、兵士に代わって従軍の悲しみを歌う詩人であったといったのは、吉川幸次郎氏である。

『三国志実録』のなかで、吉川氏はそのような曹操の典型的な詩篇として、「却東西門行」一首をあげている。

「却東西門行」は「短歌行」と同じく、漢代の民歌の題目にあったもので、相和歌のなかの瑟調曲であった。相和歌とは、漢代にうたわれていた各地の俗楽、つまり民謡で、そのなかでも、これは、瑟《しつ》、一二五絃もある大琴の調べにのせて歌った歌辞であったとされている。曹操の「却東西門行」の歌辞を四段に分けて読んでいくことにする。

却東西門行　曹操

鴻雁出塞北
乃在無人郷
挙翅万里余
行止自成行
冬節食南稲
春日復北翔

鴻雁《こうがん》は塞《とりで》の北に出《うま》る
乃《なん》ぞ無人の郷《さと》に在り。
翅《つばさ》を万里の余《とお》きに挙《あ》げ
行くも止まるも自から行を成す。
冬の節には南の稲を食らい
春の日には復《ま》た北に翔《か》く。

大きな雁は塞の北に生まれた
そこはなんと人なき郷。
翼をあげて飛びたてば万里のかなたをめざし
行くもとどまるも翼をつらねる。
冬の季節には南国の稲をついばみ
春の日には塞北の郷へとまた天翔ける。

田中有転蓬
随風遠飄揚
長与故根絶
万歳不相当

田の中に転蓬《てんぽう》有り
風に随いて遠く飄《ま》い揚《あ》がる。
長《とこしえ》に故《もと》の根と絶《た》たれ
万歳までも相い当《あた》らず。

田んぼのなかに転がる蓬
風のまにまに遠いかなたに漂いあがる。
とこしえにもとの根を離れて
万歳の久しきもめぐりあうあてもない。

奈何此征夫
安得去四方
戎馬不解鞍
鎧甲不離傍
冉冉老将至
何時反故郷

奈何《いかん》せん此の征夫
安《いずく》んぞ四方を去るを得《え》ん。
戎《いくさ》の馬は鞍《くら》を解《と》かず
鎧と甲は傍《かたわ》らを離れず。
冉冉《ぜんぜん》として老いは将《まさ》に至らんとす
何《いず》れの時にか故郷に反《かえ》らん。

どうしようもないのは戦に行くもののふたち
四方さい果ての地を離れて故郷に帰るわけにはいかない。
軍馬の鞍を解くいとまなく
鎧も甲も片時も離せない。
時は過ぎて老いのみがしのび寄る
いつになったら故郷に帰れるのだろう。

神竜蔵深泉　　神竜は深き泉に蔵《かく》れ
猛獣歩高岡　　猛獣は高き岡を歩む。
狐死帰首丘　　狐は死なんとして帰って丘に首《むか》う
故郷安可忘　　故郷は安《いずく》んぞ忘るべけんや。

ふしぎな竜は深い泉のふちに身を潜め
猛き虎は高い丘を歩いて安住する。
狐さえも死なんとするときには故郷の丘に首をふりむけるのに
もののふたちもどうして故郷を忘れることができようか。

この「却東西門行」の詩がつくられた時期はさだかではない。曹操の生涯は戦に明け暮れたといっても、いいすぎではない。いついかなる戦場にあっても、それに従軍する将兵たちの悲しみが、父や母、妻や子のいる故郷にいっときでも早く帰りたいという切なる願望に根ざしていることでは、同じであることを曹操は知りすぎるほど知っていた。わが身を照らして知っていた。余冠英が『楽府詩選』で、「この詩の征夫は曹操自身だ」といっているが、それはそれでよい。この一篇の詩のなかで、曹操がなにを歌おうとしているかが、問題なのだ。

曹操は征戦を正当化するいかなる詩句も吐いていない。天下を平定する覇者として、戦を大義名分化する言辞をどこにもさし挟んでいない。三軍を叱咤する将軍の気概とその志すところを歌おうとはしていない。従軍する兵士の悲しみのみで、すべての歌辞は埋め尽くされている。そこに、すべての調子が収斂《しゅうれん》されている。この「却東西門行」が、従軍詩としてすぐれている理由は、ここにある。

歌い出しの段階で出てくる「鴻雁《こうがん》」も、「転蓬《てんほう》」も比喩である。従軍兵士の悲哀の実態をより深く伝えるための比喩である。

万里のかなたにはばたく大きな雁、鴻雁が塞北の無人の郷に生まれたというのは、暗示的である。冬枯れの季節に、南国の稲をもとめて、仲間と離れることなく、翼をつらねて出ていくが、春来ればふたたび塞北の無人の郷に天翔《あまがけ》て帰っていく。鴻雁はたとえ塞北寒冷の無人の郷であっても、帰るべき故郷があるというのが、暗示的であるのだ。

それに比べれば、田の中の転蓬は、いちど風に吹かれて舞いあがると、ふたたびもとの根に帰りつくことはない。

この蓬は飛蓬《ひほう》ともいうが、菊科に属し、茎の高さは尺余に及ぶ。葉は柳に似ており、秋になると、黄色い花をつける。『埤雅《ひが》』という書物によると、「末花は本（茎）より大きく、風に遇えば、輒《たちま》ち抜けて旋《めぐ》る」とある。飛蓬といい、転蓬ともいうのは、蓬草の花の部分が風に吹かれて遠くただよいあがり、茎根からとこしえに離れてしまうからである。

転蓬のイメージに、遠く故郷を離れて、はたして帰ることができるかどうかさえわからぬ従軍兵士の悲しみと望郷の思いを託した曹操の想像力は、なみのものではない。兵士とともにあるという曹操の人間的共感なくしては、歌いえぬ詩であった。

古代の詞華集『詩経』の詩にみえる蓬は、頭髪の形容で、乱れたぼさぼさの髪を意味する蓬髪を歌うものであったが、それを転蓬のイメージに転化した最初の詩人が、曹操であったことを思えば、この「却東西門行」の詩篇の、中国詩史に占める記念碑的意義は大きい。曹操以後、蓬は転蓬のイメージで使われることが圧倒的に多くなるからである。

曹操の詩篇群のなかで、「却東西門行」とともに、従軍の苦しみを歌って、傑出した作品に

「苦寒行」一首がある。

六朝の詩論家である鍾嶸《しょうこう》は、『詩品』のなかで、曹操の詩を評して、

「曹公は古直にして、甚だ悲涼の句有り」

といっている。古直とは、古代風な質直さがのこっているという意味で、それに加えて悲愁の色の濃厚な詩句があるという評価である。

❖「苦寒行」

悲愁の気配が全篇にみなぎっている曹操の詩を挙げるとすれば、やはりつぎにみる「苦寒行」の一首であろう。

「苦寒行」が制作された時期ははっきりしている。余冠英は『漢魏六朝詩選』を編んで、この詩をそのなかに採り入れて注をほどこしているが、そこで、「この一篇は、相和歌辞に属し、清調曲の歌辞であり、曹操が建安一一（二〇六）年に、高幹を征討した時の作である」としている。

曹操が袁紹と華北統一という覇業達成を懸けて、白馬、官渡の地で対決し、これを敗走させたのは、建安五（二〇〇）年である。その翌々年に、袁紹は冀《き》州の都である鄴《ぎょう》城《じょう》、現在の河南省臨《りん》漳《しょう》県に帰り着き、血を吐いて病死している。その後、曹操は袁紹の子袁《えん》尚《しょう》・袁《えん》熙《き》を

討って、鄴の都を陥《おと》した。袁尚が遠く遼西・遼東・右北平の三郡にいた烏丸《うがん》（烏桓《うかん》）族のもとへ逃走したのが、建安一〇（二〇五）年の春正月であった。

袁紹の甥の高幹《こうかん》は、現在の山西省にあたる幷州《へい》をあげてふたたび反乱を起こした。曹操は烏桓を討つまえに、高幹が守る壺関《こかんじょう》城を討ち、後顧の憂いを絶つことにした。鄴を出発した曹操の軍は、道を河内《かだい》にとり、北のかた太行《たいこう》山を越えて、壺関に迫ったのである。時はまさに厳寒のさなかである。しかも巍巍《ぎぎ》としてそびえたつ太行の嶺を越えてのまことに苦しい行軍であった。

「苦寒行」は、そのような状況下で、つくられたのである。

苦寒行　　　　曹操

北上太行山　　北のかた太行《たいこう》の山に上《のぼ》れば
艱哉何巍巍　　艱《くる》しきかな何《なん》ぞ巍巍《ぎぎ》たる。
羊腸坂詰屈　　羊腸《ようちょう》のごとく坂は詰《お》れ屈《まが》れり
車輪為之摧　　車の輪も之《これ》が為《ため》に摧《くだ》く。

北のかた太行の山に登ると
なんと山は高くそびえて道は険しく苦しいことよ。
羊のはらわたのように曲がりくねった坂
ために車の輪もくだけるありさま。

樹木何蕭瑟　　　樹木何ぞ蕭瑟《わびし》きや
北風声正悲　　　北風の声は正《まさ》に悲し。
熊羆対我蹲　　　熊と羆《ひぐま》は我に対して蹲《うずくま》り
虎豹夾路啼　　　虎と豹は路を夾《はさ》みて啼く。

あたりの樹木はさびしく風に鳴り
北風は悲しい声をあげて吹き荒ぶ。
熊や羆がわたしにむかってうずくまり
虎や豹が山路の両側で泣き叫ぶ。

谿谷少人民　　　谿谷《けいこく》に人民少なく

雪落何霏霏　　雪の落つること何ぞ霏霏《ひひ》たる。
延頸長歎息　　頸《くび》を延《の》ばして長く歎息《たんそく》す
遠行多所懐　　遠き行《たび》は懐《おも》う所多し。

渓谷に住まう人は少なく
さかんに雪降りしきる。
首を伸ばして故郷のほうをふりかえってふかいため息をつく
遠征はなんと思うことの多いことよ。

我心何怫鬱　　我が心は何ぞ怫《ふさ》ぎ鬱《むす》ぼるるや
思欲一東帰　　一たび東に帰らんと思い欲《ねが》う。
水深橋梁絶　　水深くして橋梁《はし》は絶え
中路正徘徊　　路を中ばにして正《いま》し徘徊《はいかい》す。

わたしのこころは憂いにふさぎむすばれ
いっそ東へ引き返して帰りたいと思う。

ただ水は深く橋は壊れ
路の途中でただうろうろとするばかり。

迷惑失故路　迷い惑いて故《もと》の路を失い
薄暮無宿棲　暮れに薄《せま》るも宿り棲《す》むところ無《な》し。
行行日已遠　行き行きて日ましに已《すで》に遠く
人馬同時飢　人も馬も時を同じくして飢えたり。

迷いに迷ってもときた路を見失い
日暮れになっても泊まるべき宿さえない。
進めば進むほどに日に日に故郷は遠のいてゆき
時を同じくして人も馬もともに飢えてしまった。

擔囊行取薪　囊《ふくろ》を擔《かつ》いて行きて薪を取り
斧氷持作糜　氷を斧《き》いて持って糜《かゆ》を作る。
悲彼東山詩　悲しきかな彼《か》の東山の詩

悠悠使我哀　　　　　悠悠として我をして哀しましむ。

大きな袋をかついで薪を取りに出かけ
氷をたち割って糜をつくり飢えをしのぐ。
悲しいのはかの周公旦が東征の苦労をうたって東山の詩
わたしのこころはかぎりない悲哀にみたされる。

悲愁の美にあふれた雄勁な詩である。曹操がこの時代を代表する詩人であったことを知らせるに十分な格調の高さをもつ詩である。曹操は高くそびえ立つ太行山脈を越えて行軍したとき、きびしい寒さと険しい山路に苦しみ、飢えにさらされたつらい体験を、そのまま詩に歌ったのであろう。

東山とは、『詩経』豳風《ひんぷう》の詩の篇名で、その内容は遠征に従った兵士の望郷の念と、その夫の帰還する日をひたすら待ち望む妻の思いを、合わせ歌ったものである。周公旦が兵士とその妻の身になり代わって歌ったとされているが、おそらく無名の詩人の詩であったであろう。古詩をふまえて、曹操は周公旦の作とみなし、周公旦が兵士に代わってその悲しみを歌ったところに、みずから引き寄せ、この「苦寒行」をつくったのであろう。

三　曹操詩の絵画的な風景描写

❖「歩出夏門行」

曹操にはこのほかにも遠征の苦しみを歌った詩篇がある。「歩出夏門行」と題する四言のリズムの楽府詩であり、四首構成の詩であるが、ここでは、そのなかの一首、「滄海を観る」と題する一首のみを取り上げてみることにする。

「歩出夏門行」の制作期は、「苦寒行」がつくられた翌年の建安一二（二〇七）年の夏、曹操が烏桓を征伐するために遠く出兵し、碣石山《けつせきさん》を越えたさいの前後につくられたとみてよい。碣石山はいまの河北省楽亭県にある大碣石山である。

当時烏桓のいた遼西郡には、袁紹の子の袁尚と袁熙が逃こんでいた。中国の東北部、今日の遼東半島以西の遼東・遼西、右北平の三郡にはいりこんでいた烏桓族は、長城内にその勢力を伸ばし、とりわけ幽州では漢人一〇余万戸をその支配下においていた。河北一帯を治めていた袁紹は烏桓を敵に回して、つねに背後に脅威をうけることになるよりは、むしろ烏桓族を懐柔しておくほうが上策だと考え、その有力者たちを単于《ぜんう》（酋長）として地方行政を分担させていた。なかでも遼西の烏桓の単于である蹋頓《とうとん》がもっとも強く、袁紹に厚遇されていた。袁尚と袁熙が彼のもとに走ったのは、そのことがあったからである。

曹操はこの機会に三郡の烏桓を平定したいと考えていた。それが建安一二年の烏桓遠征である。夏の五月には、右北平郡の無終《むしゅう》に到着した。秋の七月には大洪水が起こり、渤海湾の海沿いの道路が不通となったので、北上して濡水の中流域にある盧竜の塞に入ったが、塞の外の道路は破壊されていて、軍馬は通れないようになっていた。

そこで濡水沿いに北上し、碣石山に入り、山を掘り、谷を埋めて五〇〇余里にわたって道をつけ、白檀城に入り、濡水を渡って東進し平岡に達した。それから遼西の烏桓族の単于・蹋頓の居城である柳城をめざそうというわけだ。蹋頓も数万騎の騎兵隊を率いて、これを迎え撃った。そのとき、秋から冬にさしかかり、寒いうえに、旱《ひでり》であった。二〇〇里にわたって水はなく、そのうえ軍糧が欠乏し、数千頭の馬を殺して食にあて、三〇余丈も地面を掘って、やっと水を手に入れることができるというありさまだった。苦しい戦いであったが、これを破って、蹋頓を殺した。かくて烏桓の三郡支配は終止符をうち、胡人、漢人の降服者二〇余万人を支配下においた。袁尚と袁熙は遼東に逃げ込んだが、そこで殺されている。

「歩出夏門行」の第一首にあたる「滄海を観る」は、苦しい行軍をしいられることになった碣石山に登って、曹操が歌ったものである。

滄海を観る　　曹操

東臨碣石　　東のかた碣石《かっせき》に臨《のぞ》み
以観滄海　　以《もっ》て滄海《そうかい》を観《み》る。
水何澹澹　　水は何ぞ澹澹《たんたん》たる
山島竦峙　　山島は竦《そび》え峙《はべ》り。
樹木叢生　　樹木は叢《むらが》り生え
百草豊茂　　百草は豊かに茂る。
秋風蕭瑟　　秋風は蕭瑟《ものがな》しく
洪濤湧起　　洪濤《こうとう》は湧《わ》き起これり。
日月之行　　日月の行くや
若出其中　　其の中から出ずる若《ごと》し。
星漢燦爛　　星漢は燦爛《さんらん》として

若出其裏
幸甚至哉
歌以詠志

其《そ》の裏《うら》から出ずる若《ごと》し。
幸い甚《はなは》だしきに至るかな
歌いて以て志を詠《の》べん。

東のかた碣石山に登り
そこから青海原をみる。
水はなんとゆったりと波うっていることか
島山はその水面にそびえ立つ。
そこには樹木が群がり生じ
いろいろな草がゆたかに緑をなして茂っている。
折しもの寂しい音を立てて秋風がふきすさび
あの青海原に大波が湧き起こった。
日も月もその運行にさいして
この海原から昇り立つのであろう。
きらきら空に輝く天の川の星影も
この海原から昇りたつであろう。

なんとすばらしく幸せなことよ
思うがままにわが志を歌ってみよう。

この「滄海を観る」の一首は、碣石山からみた雄大な青海原の景色がパノラマ風に展開されていて、中国古典詩の叙情描写としては本格的な写実性を獲得した初めての作品である。

碣石山は漢末には存在していたが、六朝時代になると海底に没してしまったといわれている。近代の革命家毛沢東は、「詞」という、唐代に発生した詩の一つのジャンルにすぐれた詩人でもあったが、彼はその「浪淘沙《ろうとうさ》・北戴河《ほくたいが》」という詞のなかで、「往事千年を越ゆ。魏武〈曹操〉は鞭を揮い、東のかた碣石に臨みて遺篇有り」というほどに、曹操の「滄海を観る」の一首は人口に膾炙《かいしゃ》していた。

李宝均《りほうきん》がその著の『曹氏父子と建安文学』のなかで、「この詩は絵画的描写法で、作者が秋の日に碣石山に登ったときにみた、波濤の起こる大海原の風景を描いている。〈日月の行くや〉以下の四句にも、大海原の広闊遠大なさまが歌い尽くされていて、詩人曹操の存在なくしては、ありえなかったであろう」と評している。積極的に、民間歌謡の様式をとり入れて、そこに独自の志をとかしこんで、士大夫ならではの革新的詩風を確立した最初の詩人が、この曹操であった。

四　長寿を願う曹操の遊仙詩

❖神仙養生の術

　人間の命に限りがあることがわかっていても、できるだけ死から遠ざかりたいと願うのは、人間の情である。曹操にもその願いがあった。

　彼はたしかに現実的に行動する英雄であり、ときとして冷酷なほどに合理的な判断で、ものごとを割り切っていく実務家肌の精神の持ち主であったが、もし養生と服薬によって、万歳ならずとも、長寿を得ることができるならば、その仙術を会得している者に従って術を授かり、その者にあやかりたいという願いを抱いていた。

　『三国志』の裴松之《はいしょうし》の注に引く、張華《ちょうか》の『博物志』によると、曹操は、「養生の法を好み、それについての処方や薬に詳しく、方術の士を招き寄せたので、廬江《ろこう》の左慈《さじ》、譙《しょう》郡の華佗《かだ》、甘陵の甘始《かんし》、陽城の郄倹《げきけん》といった方士がみな曹操のもとに集まってきた。彼は野生の葛《くず》を一尺ほどまで食う訓練をし、酖毒《ちんどく》を入れた酒を多少は飲むこともできた」という。

この方士たちのなかでも、華佗は曹操と同郷の沛国《はい》譙《しょう》県、現在の安徽省亳《はく》県の人で、数種類の方術に通じ、不老長生の法に詳しく、年は一〇〇歳にちかいが、容貌はまだ壮者と変わらぬので、当時の人々から仙人だと思われていた。

華　佗

曹操は華佗が医術にもたけている方士だという評判を聞きつけて召し寄せ、いつも左右においていた。曹操には、頭がしびれ、めまいがする持病があって、ながいことその病気に悩まされていたが、その華佗が針を打つと、たちまち拭いさられたようによくなったというから、さぞかし重宝がられていたのであろう。その華佗が不自由な宮仕えを嫌って郷里に帰りたいと願い出た。そこで、曹操が帰すと、華佗はそれっきり数年間戻ってこない。曹操の矢の催促を受けても、華佗は妻が病気だと称して戻ろうとしない。使者に調べさせると、仮病だとばれたので、激怒した曹操はとうとう華佗を捕らえて殺してしまったという。

これは、『後漢書』の方術伝に記載されている話であるが、同じ方術伝の記事によると、曹操はこの華佗のほかにも、甘始、左慈、東郭延年《とうかくえいねん》といった方士たちの方術の力量を認めていて、彼らから服薬養生の術を聞きだしては実行に移していたとある。

曹操の息子の曹植が、「弁道論」のなかで、「世間には方士という者があり、父上は彼らをことごとく呼び集められた」と語っているところをみると、『後漢書』の方術伝の記事はまんざら捨てたものではないと知れるであろう。かくも方術に熱心であった曹操には、みずから心身の養生に励み、服薬の助けを借りて、少しでも死を遠ざけ、長寿を得たいという願いが人一倍強く存在していたのである。

魏晋の時代、後漢末から三国を挟んで晋の時代にかけて、神仙養生の術がとりわけ盛んに行われ、当時の人々は本気で神仙になるために、心身の養生法を学び、怪しげな仙薬を服することすこぶる熱心であった。

たとえば、晋の葛洪《かっこう》は『抱朴子《ほうぼくし》』という書物を著して、神仙養生術の理論的解明を行うとともに、その思想的展開を大系的に解き明かして、魏晋時代の人々の生き方・考え方にわたる本質的な考察にまでおよんでいる。そうしたなかで、「竹林の七賢」とよばれた魏末の嵆康《けいこう》や阮籍《げんせき》、それに晋の代表的詩人で時代の矛盾を鋭くかぎ分けた郭璞《かくはく》らも、すぐれた遊仙詩をのこしている。

❖「秋胡行」第一首

遊仙詩は、中国最古の詩集の一つである『楚辞』のなかの遠遊篇がそうであったように、神仙の世界への憧憬から出発し、想像のなかで、神仙界に遠く遊びながら、そこに存在する仙人たちのありさまをうたっているのが、そのおおむねである。それを想像する詩人の側に現実にたいする不満や、はかなくかぎられた人生にたいする嘆きがあって、その現世のしがらみと、それを超えようとする希求とが一種の緊張関係をはらむときに、内的葛藤となって表現されてきたのが、彼らの遊仙詩であったといえるであろう。

曹操には、嵆康《けいこう》・郭璞《かくはく》のように遊仙詩と題する詩篇はないが、昇仙と遊仙をテーマにする幾編かの詩が現存している。「精列」「栢上桑《はくじょうそう》」「秋胡行《しゅうここう》」の三篇がその代表的な作品であるが、なかでも、「秋胡行」二首は、戯曲的構成をもつ展開をみせてすぐれている。いずれも楽府体の歌辞であり、相和歌に属しているところからすれば、管弦を備え、音曲をともなって歌われていたものであろう。「秋胡行」は二首から構成されているが、まずその第一首で曹操はかく歌っている。

晨上散関山　　晨《あした》に散関《さんかん》の山に上《のぼ》れば
此道当何難　　此の道の当《まさ》に何ぞ難《くる》しきや。
晨上散関山　　晨《あした》に散関の山に上れば
此道当何難　　此の道の当《まさ》に何ぞ難《くる》しきや。

牛頓不起
車堕谷間
坐盤石之上
弾五絃之琴
作為清角韻
意中迷煩
歌以言志
晨上散関山

牛は頓《たお》れて起きず
車は谷の間に堕《お》つ。
盤石《ばんせき》の上に坐して
五絃《ごげん》の琴を弾《ひ》かん。
作り為《な》すは清角《せいかく》の韻《しらべ》
意の中に迷い煩《わずら》う。
歌いて以《もっ》て志を言わん
晨《あした》に散関《さんかん》の山に上《のぼ》れば。

夜明けに散関の山に登れば
道は険しくなんと苦しいことか。
夜明けに散関の山に登れば
道は険しくなんと苦しいことか。
牛は倒れたままで起き上がる気力なく
車は道をふみはずして谷間に落ちる。
仕方なく大きな岩の上に座って

五絃の琴を弾くことになった。
奏でるのは清角の調べ。
それでもこころのうちは迷い煩うばかり。
思うがままにわが志をうたい述べよう。
夜明けに散関の山に登ればと。

有何三老公　何《いか》なる三老の公《おきな》に有《おわ》すや
卒来在我傍　卒《にわ》かに来りてわれが傍《かたわら》に在り。
有何三老公　何《いか》なる三老の公《おきな》に有《おわ》すや
卒来在我傍　卒《にわ》かに来りてわれが傍《かたわら》に在り。
負揜被裘　揜《えん》を負《かか》げ裘《きゅう》を被《き》て
似非恒人　恒《つね》の人に非《あら》ざるが似《ごと》し。
謂卿云何　謂《おも》えらく卿《けい》は云《ここ》に何ゆえ
困苦以自怨　困《くる》しみ苦しみて以て自ら怨み。
徨徨所欲　徨徨《こうこう》として欲する所に
来到此間　此の間に来たり到《いた》れるや。

歌以言志　　歌いて以《もっ》て志を言わん
有何三老公　　何《いか》なる三老の公《おきな》に有《おわ》すや。

いかなる八十《やそ》路を過ぎたる翁におわしますか
ふと現れてわが傍らに立つ。
いかなる八十路を過ぎたる翁におわしますか
ふと現れてわが傍らに立つ。
袂《そで》を掲げて皮のころもをはおりし翁
非凡なる人とお見受けしたが。
翁は我に語るに「卿《けい》はなにゆえここに
困しみ苦しんで自ら怨み
彷徨《さまよ》いてなにを求めて
このあたりまでやって来たのか」
おもうがままにわが志をうたい述べよう
いかなる八十路を過ぎた翁におわしますのかと。

我居崑崙
所謂者真人
我居崑崙
所謂者真人
道深有可得
名山歴観
遨遊八極
枕石漱流飲泉
沈吟不決
遂上升天
歌以言志
我居崑崙山

我は崑崙《こんろん》の山に居る
謂《い》う所の真人《しんじん》なり。
我は崑崙の山に居る
謂《い》う所の真人《しんじん》なり。
道の深きを得《う》るべき有《あ》らんと
名山をば歴《めぐ》り観《み》る。
八極《はっきょく》に遨遊《ごうゆう》して
石を枕に流れに漱《そそ》ぎて泉を飲む。
沈吟《しんぎん》して決めざりしか
遂に上《のぼ》りて天に升《のぼ》りぬ。
歌いて以《もっ》て志を言わん
我は崑崙《こんろん》の山に居る。

「わしは崑崙の山に住み
世の人々がよぶあの仙人だ。
わしは崑崙の山に住み

世の人々がよぶあの仙人だ。
深い道をきわめねばと
名山をめぐりみてきた。
国の果てまで気ままに遊んできては
石に枕して水の流れに口をすすぎ清らかな泉を飲んできたものよ。
いろいろと悩んだすえに
やがて天界に昇り仙人となったのだ」と翁はささやいた。
おもうがままにわが志をうたいのべよう
わしは崑崙の山に住むと。

三老公と称する長寿の翁＝仙人と、悩みを抱いて険しい霊山を登る男が出会い、仙人との問答を通してしだいに仙人を慕うようになるというこの詩の構成を追っていると、まるで翁面をかぶった能役者が静かに舞う能舞台をみているような感じである。吉川幸次郎氏は、この作品を、曹操の詩のなかで最も美しいものの一つであると評しているが、ここにも、曹操独特ともいえる悲哀の美学の調べが底流に流れている。

❖「秋胡行」第二首

「秋胡行」の第二首は五段に分かれるが、あまりにながくなるので、ここでは、第一段と第四段を紹介することにする。

願登泰華山
神人共遠遊
願登泰華山
神人共遠遊
経歴崑崙山
到蓬莱
飄颻八極
与神人倶
思得神薬
万歳為期
歌以言志

願《ねが》わくば泰華《たいか》の山に登り
神人《しんじん》と共に遠きに遊ばん。
願わくば泰華の山に登り
神人《しんじん》と共に遠きに遊ばん。
崑崙《こんろん》の山を経歴《へめぐ》り
蓬莱《ほうらい》に到る。
八極《はっきょく》までも飄颻《ただよ》いて
神人《しんじん》と倶《とも》にす。
神薬を得《え》て
万歳を期《き》と為《な》さんと思う。
歌いて以《もっ》て志を言わん

願登泰華山　　　　　　願わくば泰華の山に登らん。

霊山といわれる東の泰山西の華山に登り
神仙といっしょに遠く遊びたいものだ。
霊山といわれる東の泰山西の華山に登り
神仙といっしょに遠く遊びたいものだ。
崑崙の山をめぐって
蓬莱の山にいたる。
それからまたこの世のはてまで漂い
やっと神仙とめぐりあうことができた。
めぐりあえたからには仙薬を手に入れて
万歳まで生きながらえたいと思う。
思いのままに歌ってわが志を述べよう
霊山といわれる東の泰山、西の華山に登りたいものだと。

四時更逝去　　　　　　四時は更《こも》ごも逝《ゆ》き去りて

昼夜以成歳
四時更逝去
昼夜以成歳
大人先天
而天弗違
不戚年往
憂世不治
存亡有命
慮之為蚩
歌以言志
四時更逝去

昼夜以《もっ》て歳を成《な》す。
四時は更《こも》ごも逝《ゆ》き去りて
昼夜以《もっ》て歳を成す。
大人《たいじん》なるもの天に先んずれども
天は違《たが》わず。
年のすぎ往《ゆ》くを戚《うれ》えず
世の治まらざるを憂《うれ》うるのみ。
存《い》くるも亡《し》ぬるも命《めい》有り
之を慮《おも》うは蚩《おろ》か為《な》り。
歌いて以《もっ》て志を言わん
四時は更《こも》ごも逝《ゆ》きさりて。

春夏秋冬はこもごもに移り変わり
昼と夜がつらなって一年は暮れていく。
春夏秋冬はこもごもに移り変わり
昼と夜がつらなって一年は暮れていく。

有徳の人は天に先んじて動いても
天はこれに背くことはないという。
一年が飛ぶようにすぎていくことではわたしのこころは悩まないが
世の中が乱れていっこうに治まらないのが嘆かわしいだけだ。
人間の生死にはそれぞれに運命というものがあり
そのために思い煩うことは愚かしい。
思いのままに歌ってわが志を述べよう
春夏秋冬はこもごもに移り変わると。

第一段でも、神仙の世界に遊び、仙薬を得てとこしえの命を得たいと願いながらも、第四段では、人間の命には定めがあるのだから、そのために思い煩うよりも、この世が乱れて治まらないでいるのが嘆かわしいとする。明らかに自家撞着《どうちゃく》するこころがうたわれているが、矛盾に揺れ動くところが、じつに人間らしいところではないか。

第二段では、人間のかぎられた命は、天地の悠久に比べてなんと短いことか、赤松子《せきしょうし》や王《おう》子喬《しきょう》のように神仙の道を得て、ながき命をえたいという憧れをうたって、第一段につづく。

第三段では、早くも現実に回帰して仁義礼楽の道をこの世に実現せんと願って、第四段につなぐ。第四段では、第三段に沿って、天人合一の境地に思いをいたし、流れ去る時間にこころを奪われずに、乱世を治める功業に自覚的に立ち向かおうとする志をうたっている。ところが、これが第五段になると、自分が手にした功業を分かちあうべき者もなく、ともに楽しみ遊ぶ友もいない人生の寂寥《せきりよう》に、また深くとらわれていく。

これが、遊仙詩の一種であることには、相違ないが、単純な仙界描写に流れがちな遊仙詩の欠点を免れている。

人間曹操にとって、覇業を達成し、乱世を治める功績のなかで、確実に摩滅していく生命のはかなさに思い煩うことが、遊仙願望とつながっていた。一方曹操のなかには、人間の生命にはかぎられた定めがあるという冷めた認識があって、そうであるならば、そのかぎりある生命を現実の功業に向けて燃焼し尽くそうとする志向が存在していた。

このどちらにもとらわれて苦悩する人間の、めまぐるしいほどのこころの揺れが、まことになんのてらいもなく、切々と訴えられているところに、曹操の「秋胡行」が遊仙詩としてすぐれている理由があると思われる。

かかるすぐれた遊仙詩をうたい、できることなら、自分も神仙となり永遠の寿命を手に入れたいと願って、たくさんの方士たちを集め、真剣に神仙への道を求めて養生・服薬につとめた曹操であったが、病気には勝てなかったのか、建安二五（二二〇）年に、六六歳でこの世を去っている。

曹操が「秋胡詩」を詠じて嘆いているように、人の命は無限ではない。いつかはかならず死を迎えねばならぬ。そのことを自覚していたからこそ、曹操は永遠の時間に遊ぶ仙人の世界に憧れたのである。

❖「遺令」

曹操が病んで自分の死を自覚したときに、今日の遺言にあたる。「遺令《いれい》」という文書を子供たちにのこしている。その内容を今に伝えるのは、西晋《せいしん》の文学者、陸機《りくき》である。陸機の出自は、孫呉政権をささえてきた名門陸氏である。彼自身も呉の大司馬・陸抗《りくこう》の第四子であった。

陸機は三国時代が終息したのちに、それを統一した司馬氏の西晋王朝に仕えている。西晋の著作郎《ちょさくろう》に任じられて、その役目柄、宮中の図書室を整理している時に、彼が見つけたのが、曹操の「遺令」であった。

陸機はその「遺令」を読んで、「魏の武帝を弔うの文」という文章をつづっている。その序文に曹操の「遺令」の内容を記録していたので、それが今に伝えられてきたのである。

その「遺令」の冒頭には、今後の魏の国家運営はどうあるべきか、曹氏の家のいっそうの繁栄と隆盛をどうはかっていくべきかにふれてはいる。これは魏王の遺言として当然あるべき事柄であるが、死後の自身の身辺についていかに処置すべきかという内容にいたると、実にこまやかな配慮をみせている。これを整理して箇条書きにしてみよう。

㈠　私に仕えた女官、妓女は、死後も銅雀台《どうじゃくだい》に住まわせて置くこと。さらに銅雀台の一室に長き八尺のベッドを設け、それを薄絹のとばりで囲み、朝晩干し肉と乾飯《ほしいい》を供え、毎月一日と一五日には、とばりに向かって歌舞を行わせること。子供のおまえたちはつねづね銅雀台に登って、私の眠る西陵の墓地を眺めよ。

㈡　私が遺した香は夫人たちに分け与えること。側室のなかに仕事がない者は、組み飾りをつけた履《くつ》の作り方を習得して、それを売って生計を立てよ。

㈢　生前自分が宮廷から官位を頂いた際に、授かった印綬は一つの倉にすべて保存せよ。自分の衣服は別の倉に収納するのがよいが、それができなければ、おまえたちで形見分けしなさい。

なんともこまごました「遺令」ではないか。自分の閨房《けいぼう》に関わった女性たちへの配慮、自分の死後もまるで生きているかのように女官や妓女に振るまえと伝え、自分の遺留品の保存と処理の仕方を指示している。これがあの英雄曹操の遺言であったかと疑いたくもなり悲しくもなる。これは死後の自分への執着であり、そのままが自分の生への執着であったといえるであろう。

発見者の陸機はこの、「遺令」を読んで、これは賢俊といわれるほどの人がやることではないという憤懣《ふんまん》にかられたという。陸機は若い時から尊敬していた曹操だけに、その「遺令」にはげしく落胆し、悲歎の情につき動かされて、「魏の武帝を弔うの文」をつづったと、その一文に書きつけている。

たしかに、陸機が憤懣を抱いたように、英雄曹操らしくない「遺令」ではあるが、そこにはかえって人間味にあふれた曹操の心遣いを読みとることができないであろうか。

秦の始皇帝や漢の武帝のように巨大な墳墓を造営し、そこに葬れとはいっていない。死後にのこされた香木や衣服の形見分けをたのみ、死後の側室たちの生活を配慮するなど、権力者として神格化された人物としてではなく、人としての人情と同質のものが感じられる。この「遺令」は読み方によっては、じつに曹操という人間の情愛のこまやかさを表現したものであったとみることもできるのではないか。

五　清峻で通脱であった曹操の散文

❖通脱を尊ぶ文章

魯迅《ろじん》が魏晋の文学、つまり三国時代から西晋時代の文学について、関心を寄せるようになったのは、東京留学時代に章太炎から受けた影響があったと思われる。

一九二六年の九月、広州の市当局主催の夏期講演会において、魯迅が行った「魏晋の気風および文章と薬および酒との関係」という講演をみると、彼の魏晋文学についての造詣の深さを知ることができる。

それによると、魯迅は魏晋の文学を文学の自覚の時代の所産だと評し、「通脱」を力説した曹操とこの時代の文学とのかかわりを、つぎのようにとらえていた。

通脱とは、勝手気ままという意味です。この提唱が文壇に影響をおよぼし、いいたいことをそのままいう文章がたくさん生みだされることになるのです。思想が通脱になり、後漢の気風であった頑固が取り除かれたおかげで、異端と外来の思想を十分に受け入れることができるようになって、孔子教以外の思想がつぎつぎに吸収されたのです。

総括すれば漢末魏初の文章は清峻であり、通脱であったということができます。曹操自身が文章改革の師祖でありましたが、今日、残念なことに、曹操自身の文章はごくわずかしか伝えられていません。彼はたいへん胆の大きな人だったのですが、その文章は通脱から力を得ている点が少なくありません。それで、文章を書くときにも、気兼ねをしないで、かきたいことをそのまま書いているのです。

魯　迅

曹操が文章に通脱を尊んだのは、当時の気風と非常な関係があると魯迅はみている。「党《とう》錮《こ》」の禁で弾圧を受けた「清流」派知識人は、「清流」の行動を大事にしたが、この「清」も度を過ぎると偏屈になり、頑固になってしまう弊害が生じるので、曹操はこの気風に反対し、通脱を力説したというのである。

もともと、曹操は大宦官の家に成長した。「儒学行義」をめざす「清流」とは縁なく、利権に関心の強い「濁流」のなかに育った。

年少のころから、儒教の教養を培う風習のある士大夫読書人の階層とは、おのずから異なっていた。

それだけに、曹操は伝統的なものの考え方やしきたりにとらわれることはなかった。人一倍読書家であり、時代の動きに敏感であった曹操が、「清流」の生き方、考え方におおいに関心をもっていたとしても、いっこうに不思議ではないが、彼には、それにとらわれることなく、自由にものを考え、より現実的にものごとに処して生きていく姿勢があった。曹操が通脱を尊重したのは、当然であったのだ。

「通脱から力を得ている」曹操の文章といえば、やはり、建安一九（二一四）年に書かれた、「有司に勅じて士を取るに偏短を廃すること毋《なか》らしむるの令」という一文であろう。有司、ここでは人事担当官に、すぐれた才能をもつ人士を採用するさいに、その人の道徳的な欠点や短所をあげつらって、不採用にしてはならぬと命じた通達文である。

夫《そ》れ有行の士は、未《いま》だ必ずしも進取《しんしゅ》する能《あた》わず。陳平《ちんぺい》は豈《あ》に篤行《とくこう》あらんや。蘇秦《そしん》は豈《あ》に信を守らんや。而《しか》るに陳平は漢業を定め、蘇秦は弱燕《じゃくえん》を済《すく》えり。此《これ》に由《よ》って之《これ》を言えば、士に偏短《へんたん》有りとも、庸《いずくん》ぞ廃《はい》すべけんや。有司《ゆうし》、明らかに此の義を思えば、則ち士に遺滞《いたい》無《な》く、官に廃業《はいぎょう》无《な》からしめんよ。

さて、道徳的な行いのある人士が、かならずしも自分から進んでものごとをもとめることができるとはかぎらない。進取の気に富む人士が、かならずしも道徳的な行いがあるとはかぎらない。かの漢朝創業の功臣、陳平はなにか篤行があったのであろうか。あの戦国期の策士、蘇秦はなにか信義を守るようなことがあったであろうか。しかしながら、陳平は漢王朝の基礎を定め、蘇秦は弱い燕の国を救うことができた。これからすれば有能な人士に道徳的な欠点があったとしても、どうして不採用とすることができようか。人事担当官がこのことの意義を明察すれば、野において有能な人士をのこすこともなくなり、官において事業をすたれさせることもなくなるであろう。

このような官吏選用の考え方は、明らかに通脱である。従来の人間観にとらわれていない。なぜなら、漢王朝は武帝の時いらい、ほぼ三〇〇年もの間、官吏選用にあたって、「経明行修」の孝行で廉直な士を採用の基準にすえてきたからである。陳平・蘇秦はこの基準に外れていたが、その進取の才気が大事業を達成させた。いま必要なのは、乱世の波濤《はとう》のなかを泳ぎきるだけの進取の才気をもつ人間であって、現実に機能しない道徳家ではなかったのだ。この曹操の人間観は、道徳的な人間を重視した従来のそれとは、明らかに対立するものであった。篤行がなくとも、背信行為があろうとも、現実に鍬《くわ》を打ちこむことのできる有能な人士であれば、それこそ重用せよと、曹操ははっきりいってのけているのである。

まことに短い文章、漢字数で六八字でつづられた片々たる文章にすぎないが、曹操の通脱な考え方が文章にそのまま表現された感じである。平生いいたいことを、思っていることを、そのまま平明簡潔に述べて、しかも、めりはりが、利いている文章である。

❖清峻の風格を備えた文章

漢末魏初の文章を概括して、清峻であり、通脱であったとする魯迅は、清峻な文章の風格についても、それがどこから来たのかに言及して、こう語っている。

董卓《とうたく》の後には、曹操が権力を握りました。彼の統治の第一の特色は、刑名を尊んだことです。彼の法律はたいへん厳しいものでした。大乱ののちだから、誰もがみな皇帝になろうとし、反乱しようとします。ですから、曹操はこうしなければならなかったのです。曹操はかってこういったことがあります。「もし自分が存在しなければ、王と称し帝を称するものが何人いたかわからぬ」。彼のこのことばは、実際に嘘ではなかったのです。そうしたわけで、その影響が文章の方面にも及んで、清峻の風格が生じたのです。つまり文章が簡潔で直截になったわけです。

ここで、魯迅は、漢末魏初の文章の特色をとらえて、「通脱」のほかに、「清峻」の風格があるとみているが、「通脱」が気兼ねをしないで、おもうままに書くことだとすれば、それは、簡潔で直截な表現の様態をとる「清峻」という風格と矛盾しないのであろうか。

たしかに、二つの評語は一見矛盾しているようにみえて、じつはそうではなく、むしろ相補完する関係にあるとみてよい。

気兼ねをせずに、こころにある思いをそのまま表現するとなると、よけいなレトリックを使う必要がなくなり、おのずから文章が簡潔で直截になってくるからである。

さきほど例にあげた、「有司に勅じて士を取るに偏短を廃すること毋《な》からしむるの令」にしても、従来の道徳律にとらわれずに、人間をみようとする精神の働きが内在していてできた文章である。つまりは、「通脱」でなければ書けぬ文章であるが、漢字数で六八字という短文のなかで、簡潔で要を尽くし、直截に作者のいいたいことだけがむだなく表現されている。これなど、「通脱」にして「清峻」の風格を備えた文章の好例であった。

曹操が建安七年に書いた文章に、「軍譙令《ぐんしょうれい》」という一文がある。これまた漢字数で八〇字余りの短文であるが、旧敵の袁紹を破って、華北の統一を達成した曹操が、いわば故郷の譙《しょう》に錦を飾るつもりで帰ってみて、初めて目にした故郷の酷烈な実体に胸をつれて書いたのが、この文章である。そこには、曹操の真率な感懐がそのまま表出されていて「清峻」な風格をにじませている。

吾は義兵を起こし、天下の為《ため》に暴乱《ぼうらん》を除くも、旧土の人民は死喪《しそう》して略尽《ほぼつ》きたり。国中、終日行くも、識《し》る所をみざれば、吾をして凄愴《せいそう》として懐《こころ》を傷《やぶ》らしむ。其れ義兵を挙《あ》げし已《い》来《らい》、将士の絶えて後無《のちな》ければ、其の親戚を求めて以て之を後《つ》がせ、土田を授け、耕牛《こうぎゅう》を官給し、学師を置きて之を教えしめよ。存《あとつぎ》のあれば、廟を盾《た》て、其の先人を祀《まつ》らしめよ。魂にして霊有らば、吾は一〇〇年の后《のち》、何《なん》ぞ恨《うら》むことあらんや。

あらためて訳文をつける必要はあるまい。打倒董卓の挙兵このかた、曹操は故郷の譙《しょう》県から多くの私兵をつのった。戦のあるごとに、譙県からの募兵が頼りだった。曹操は袁紹を官渡の戦いで破り、華北を統一した覇者となった。ようやく故郷に錦を飾ることができるようになったのである。曹操は、汝南《じょなん》郡で暴れ回っていた劉備《りゅうび》を荊州《けいしゅう》に追い落とし、その帰途、譙県に立ち寄ったのだ。一日、故郷を歩いてみて、自分を見知る者がいないのには驚いた。将士として狩り出された人々は、ほぼ死に尽くしていたのだ。曹操の胸は痛み、錦を飾るどころではなかった。

さっそく、戦死者の家に跡継ぎがなければ、親戚のなかからそれを捜して土地をあたえ、耕牛を支給し、十分な教育を受けさせ、跡継ぎがあれば、廟を立て、戦没者である父親を祀らせる措置をとるように命じたのである。

こうした措置に曹操を駆り立てたのは、「旧土の人民は死喪して略尽きたり。国中、終日行くも、識る所を見ざれば、吾をして凄愴として懐を傷らしむ」という体験であった。覇業の達成の陰に、故郷である譙県の父兄の膨大な員数を犠牲にしてしまったことに、あらためて気づいた曹操は、呆然として悲傷の思いに胸を締めつけられたのである。

この哀切な実感の裏打ちがあってこそ、この文章をありきたりな感情不在の通達文に終わらせていないのだ。

曹操はたしかに、三軍を叱咤《しった》する将軍であったが、一編の通達文にも、みずからのこころの震えを簡潔に伝えることができる繊細な詩人であったことを、この一文は知らせているであろう。

六　曹丕の文学独立宣言

❖魏国の太子

曹丕《そうひ》と曹植《そうしょく》は、曹操の次男、四男として生まれた。母は卞《べん》夫人で、二人は同胞の兄弟であった。同じ卞夫人の子で三男の曹彰《そうしょう》は、武芸に秀でていたが、政治的見識にも乏しく文学はもちろん好むところではなかった。

長男は曹昂《そうこう》といい、第一夫人の丁《てい》氏の子であった。父曹操の張繡《ちょうしゅう》征討に従軍し、その身代わりとなって戦死している。丁夫人にとっては、かけがえのない一人息子であっただけに、夫の無情を恨みつづけた。ために、曹操は離婚して、歌姫であった卞氏を正妻として迎えたのである。そのとき、すでに兄の曹丕は一〇歳を過ぎ、弟の曹植はそれに満たない少年であった。

曹操は、この二人のうち、いずれを跡継ぎにするか迷っていた。迷っていたぐらいだから、兄の曹丕をさしおいて、曹植により傾いていたのだ。

『三国志』魏書の陳思王伝の注に引く『魏武故事』という史書によれば、もともと、曹操は、曹植のすぐれた文学的才能を高くかっていただけではなく、大事を定むべき器量人としては、曹植をおいてほかにないとみていた。

曹植の周辺にいる楊修《ようしゅう》、丁儀《ていぎ》、丁翼《ていよく》らの文臣官僚も、曹植が跡目を継ぐにふさわしい職見、雅量、才能を備えていると、曹操に吹きこんだ。

そこで、曹操は一時は曹植を皇太子に立てようと考えた。それでも伝統的習慣のうえで、本来当然嗣子とみなされている曹丕を飛び越えて、曹植をすえることには、曹操のほうにいくらかの逡巡があり、迷いがあった。曹丕も文武に秀でていたから、なおさらであった。

その迷いの霧をはらったのは、曹植の奔放な行動であった。曹植は思いにまかせて行動し、酒を飲んでは節度がなかった。そして時には、父の体面を傷つけるような違法行為に出た。そのためしだいに、曹操の寵愛と信任を失うようになってきた。

曹丕はどちらかというと天才肌の曹植とちがって、穏健な君子人であった。宮廷内では曹丕のほうが人気があった。政治的機微にも通じていたので、彼を担ぐ一派も多数あって、二人の兄弟の間には、皇太子継承をめぐって、深い確執を生じるようになった。

曹操は、建安二二年に、魏国の太子として、曹丕を選んだ。曹植は、これで失格者となった。曹丕はこの確執を忘れなかった。建安二五（二二〇）年に、曹操が死ぬと、魏王から魏の天子の位に昇った。かくして、魏の最高権力者としての位置を獲得した曹丕は、曹植にたいして迫害を加える。曹植は小藩の王となったが、厳重な監視下におかれ、つぎからつぎに辺境の地に所替えになっていった。

❖「七歩」の詩

曹植の悲劇的生涯は、その後、終生つづいた。そのなかで、曹植の詩は磨きぬかれていき、李白・杜甫が出現するまでは、詩の神様と仰がれる存在となる。

『世説新語』の文学篇をみると、魏の文帝となった曹丕が、弟の曹植に難題をふきかけた。七歩あるくうちに詩をつくれ、さもなくば、おまえの命を奪うと、曹植は窮したが、胸のうちの思いをそのままうたった詩をつくった。

煮豆燃豆萁　　豆を煎《い》るに豆萁《まめがら》を燃《も》やす
豆在釜中泣　　豆は釜の中に在りて泣く。
本是同根生　　本《も》と是《これ》同根より生ずるに
相煎何太急　　相《あい》煎《い》ること何《なん》ぞ太《はなは》だ急なる。

曹植の切ない抗議の気持ちが、この「七歩の詩」に託されている。明人の小説『三国志演義』にも、この詩を話題にした一章がある。あまりうまくできすぎた詩であり、表現が通俗的であることから、曹植の作ではなく、彼に同情を寄せる人の偽作であろうとみなされている。けれども、こういう詩がつくられねばならぬ悲劇的状況が、同じ血を分けた兄弟のなかに存在していたことは、事実である。

❖徳を以て民を化す

さて、曹丕は字を子桓《しこう》という。のちの魏の文帝である。

父の曹操ですらはばかった禅譲を、やすやすとやってのけたのが、曹丕である。禅譲とは、天子としてすでに能力を失った皇帝が、天子としての能力をもつ者に、その位を譲りわたすことである。曹丕は、後漢の献帝から天子の位を譲り受けて、みずから魏国の皇帝の地位についたのである。

中国の儒教のなかには、革命の思想があって、武力革命と平和革命の方法を二つながら肯定している。悪虐の天子を武力でもって倒すのを放伐《ほうばつ》といい、無能な天子が、みずからの非力を悟り、平和裏にその位を他者に譲りわたす無血革命の方式を禅譲《ぜんじょう》という。

曹丕は後者の手段で、天子となり、漢の献帝を山陽公と名乗らせて、一諸侯として遇している。

曹丕が魏の文帝として在位したのは、わずか七年にすぎない。曹操が死んだ建安二五（二二〇）年の冬一〇月に即位して、黄初七（二二六）年に病死している。この七年の間、曹丕は父の築いた政治的経済的事業を継承しただけで、それを基礎に拡大発展させることはしなかった。

彼が帝王の玉座についたとき、すでに三国鼎立《ていりつ》の局面が確立し、政治の状況は比較的に安定していたし、経済力もその安定によってある程度回復してきていた。

曹操は草創期の智者らしくきびしい法治主義でもって政治に臨み、諸豪族をおさえてきたが、曹丕はちがっていた。彼は前漢の文帝を敬慕していて、その無為にして化す政治方針にならうことにした。

『三国志』魏書の文帝紀が、曹丕の政治のありかたについて、

寛仁玄黙《かんじんげんもく》、務めて徳を以《もっ》て民を化《か》せんと欲す。

と評すように、無為にして徳をほどこして民衆を教化する政治を志した。安定した政治的局面を背景に第二代という余裕をみせて名門豪族とは妥協和合の政策をとった。

曹丕がつとめたのは、内政の充実であった。外に向けて領土を広げるために、国費や人命を損傷するむだな戦争はできるだけ避けて、民衆の生活の安定を図ったのである。曹丕の無為にして徳化する政治は、おおむね成功を収めたと評価できるであろう。

陳寿は、『三国志』魏書の文帝紀で、曹丕をこう批評している。

文帝は文学的資質を備え、筆を下せばたちどころに文章をなした。広い知識をもち、記憶力にすぐれ、多芸多才であった。もしこのうえに、広い度量が加わり、公平な誠意をもってつとめ、道義の存立に努力し、徳心を充実させることができたならば、古代の賢君も縁遠い存在ではなかったであろう。

陳寿は、曹丕が古代の賢君と肩を並べる君主となる可能性があったとみているが、なおそうなるためには、広大な度量と公平な誠意が必要であったという条件をくわえているところをみると、曹丕が弟の曹植をはじめとして兄弟にたいしてとったむごい仕打ちにたいして、あきたらぬ気持ちを抱いていたのであろう。

❖『典論』一〇〇篇

さて曹丕の学識を天下に問うた著述は、やはりなんといっても、『典論』一〇〇篇の著作であろう。

そのなかの論文篇が、六朝《りくちょう》の梁《りょう》の時代に編纂されて、いまに伝わるアンソロジー『文選《もんぜん》』に収められている『典論』論文という一篇である。

曹丕の『典論』論文は、魏晋の時代に比較的活発に現れてきた文学批判の論著のなかで、中国文学思想史を飾る記念碑的作品とみることができる。

この場合の「論文」は、いうまでもなく文章を論ずるの意味である。文章を論じた批評文が、それまでなかったわけではないが、どちらかというと文章の内容が、道義にかない、その高揚にどれだけ役立っているかを見定めることが、批評文の機能であった。モラルを顕彰するために文章があり、文章がよくその役割をはたしているか、どうかを判断するのが、従来の批評文であった。

曹丕の『典論』論文は、モラルの監視役としての役職をはたすにすぎなかった批評文を、文学独自の価値を認識する機能として高めることができたのであるから、画期的であった。

このことだけをとっても、三世紀初頭の中国文学批評は、フランスの批評家サントブーブに始まる十九世紀末の近代ヨーロッパの文芸批評学にかぎりなく接近していたのである。これは、驚異だといわねばならぬ。

まずは、『典論』論文の文学価値説に注目してみよう。

蓋《けだ》し文章は経国《けいこく》の大業にして、不朽《ふきゅう》の盛事なり。年寿は時有りて尽《つ》き、栄楽はその身に止《とど》まる。二者は必至の常期なり。未《いま》だ文章の窮《きわま》り無《な》きにしかず。

ちなみに、わが国の自由民権運動で指導的役割をはたした中江兆民は、この「文章経国之大業、不朽之盛事」という句がよほど気に入っていたとみえ、幸徳秋水にこの一二文字を色紙に書いて贈っている。文章は国を治める大事業にも匹敵し、永遠に朽ちることのない偉大なる営為である。人間の寿命はいつか尽きる時があり、この世の栄耀《えいよう》はその当人の享受にかぎりがある。あとの二者には、かならず訪れる終末というものがあり、文章が永遠の命を保つのに比べると、とてもおよばぬものである。

曹丕において、文章の価値が経国の大業に比定されていることは、なお文章に立功の事業と同じ次元の効用性を認める発言であろう。しかも、ここにいう文章という意味のなかには、これにつづく文脈からみるかぎり文学的な文章をも含まれており、広義の文章概念として使用されていることと、それは無関係ではないであろう。それを認めたうえで、この文章概念の主要な要素として、今日的な意味での狭義の文学作品の文章があったとみてよいであろう。

かかる概念にたつ文章は、それ自体の表現の力で、文学者の名声を千載にのこして、不朽であるとみる曹丕の文学価値説は、それまでかつてみることができなかった、文学の独立、道義からの文章の自立を高らかに宣言するものであった。

『典論』論文は、この文学価値説を中核に、「気」を基軸にすえた文学創造力理論、そこから遠心的に展開される文体論、それから「建安《けんあん》の七子《しちし》」の文才論と、きわめて多岐にわたる文学批評の機能が発揮されている。

「気」を基軸にすえた文学創造理論は曹丕の独創であるが、まずは、「文は気を以て主と為《な》す」という文句で始まっている。このさいの文は、韻文・散文の総称であるが、作家の内面に存在している気が働いて、それぞれ特色のある文学作品が生まれるとみて、「気」を重視する理論である。「気」は、個性的な才気、或は個性と翻訳してもよい。文章は、もっぱら作家の個性的な才気を基本としてなりたつと、曹丕は作家の創造力の根源に、「気」の存在を認めている。じつに明快である。

七　天才詩人曹植

❖前過を追悔する

一方曹植の字《あざな》は子建《しけん》という。彼が、陳思王とよばれるのは、生前に陳王に封ぜられており、死後に思と謚《おくりな》されたからである。

思の謚について、『資治通鑑《しじつがん》』に胡三省《こさんせい》が『謚法《しほう》』という書を引いて、「前過を追悔するを思という」と注している。そうだとすれば、曹植にあたえられた謚には、てきびしい批判がこめられていたことになる。

魏の豪勇として三国にきこえていた于禁《うきん》は、敵将の関羽に生け捕られて虜囚の辱めを受けたのちに、故国に生還したが、魏の文帝曹丕にふたたび辱められて、病死した。その死後に追贈された謚は、厲《れい》であった。それは、きびしく苛酷だという意味で、故人の人柄、功績をたたえてつけられる謚とはちがって、そこには、さらに死者を鞭打つような意味が付加されていた。

曹植は兄の曹丕と、魏王の太子の座をめぐって、はげしく競い合った時期があった。最終的に、曹操の決断で、曹丕が後継者と定まり、競争の勝利者の立場に立つことになる。それから、曹操が死ぬと、魏の皇帝となった兄は、弟にたいしてひどい仕打ちに出る。その処遇は、曹丕の子の、魏の明帝曹叡《そうえい》の時代になっても変わらなかった。

この明帝の時代に死んだ曹植に、「前過を追悔する」意味で、思という諡がつけられことは十分ありうることである。

曹植は、漢の献帝の初平三（一九二）年に生まれている。都の長安で、実権を握り、横暴をきわめていた董卓が呂布によって殺されたのが、この年のことである。董卓討伐の義軍を起こした群雄たちは、共通の目的を失って、それぞれの根拠地に散って割拠した。曹植の父の曹操は兗《えん》州刺史を手に入れて、いまの山東省西北部を荒らし回っていた青州黄巾軍と戦い、これに勝って、その兵一〇万を傘下におさめた時期であった。曹植自身のことばを借りれば、彼はまさに、「乱に生まれ、軍に長《そだ》った」といえるであろう。

曹植の四一年の短い生涯を考えるとき、二つの時期に分けることができる。それは、建安二五（二二〇）年、曹植二九歳を境として、その前と後とでは、曹植の運命があきらかに明から暗に転じているからである。

父の曹操は、曹植の生まれた初平三年あたりから、群雄のなかの群雄として、しだいに威勢を増しており、曹植五歳の折には、後漢の献帝を許《きょ》の都に迎えて、天下に号令するに有利な態勢を整えていた。

建安五年、曹植が九歳になったとき、宿敵袁紹を官渡で破り、華北統一の第一歩をふみだしている。『三国志』魏書の陳思王伝によると、曹植は十歳あまりで、『詩経』や『論語』のほか、漢代の韻文など数十万語を読み、それを諳《そら》んじていたという。すでに、神童ぶりを発揮していたことになる。

建安九（二〇四）年、一三歳になった曹植は、冀州《きしゅう》牧となった父に従って、許昌《きょしょう》の都から鄴《ぎょう》の地に移り住んでいる。鄴城はいまの河北省臨漳県の西に位置し、もともと袁紹が根拠地を構えていたところであった。このとき、事実上、華北統一を成し遂げっていた曹操にすでに覇者としての余裕ができていた。少年の曹植は、父の庇護のもとに、新たなる貴族の子弟としてふさわしい教育を受けることになる。

これは、建安一三（二〇八）年以降のことになるが、曹操のもとに、「鄴下《ぎょうか》の七子《しちし》」、あるいはのちに「建安の七子」とよばれた七人のすぐれた文学者が集められていたことはさきにふれた。彼ら七子は、戦争のときは従軍記者の役割をはたし、平和なときには、曹操の文学の仲間として宴遊の席で詩を応酬し、曹操の子の曹丕、曹植兄弟の文学教育にあたっている。

建安一五年、曹植が一九歳のとき、鄴城に銅雀台《どうじゃくだい》が建てられた。父の曹操が覇者の威勢を

銅雀台の完成を祝する曹氏一族など

みせた建物であった。高さ三〇メートルの屋根の頂きに鳳凰をおいたのが、まるで銅雀のようにみえたという。それははるかに高い楼台であった。そこを使って集会、宴遊、閲兵の舞台とした。のちに曹操は死に際して遺言して、自分が死んだら、この台上に妓女を集めて、どんちゃん騒ぎをさせろと命じている。いま銅雀台趾はのこっているが、土台も崩れてむかしのおもかげはない。付近から出土する瓦は、銅雀台創建当時のもので、硬く焼きしめられており、硯石になるといわれて好事家に喜ばれている。

　その銅雀台が建つと、曹操は曹丕、曹植らを台上に登らせて、賦、韻文の長篇をつくらせている。なかでも、曹植は筆を執ってたちどころに文章に写し取り、それがまたたいへんなできばえであったので、曹操をよろこばせた。もともと鋭敏な頭脳の持ち主で磊落《らいらく》な性格。華美にはしるのを嫌い、自由に考えて行動するといったタイプの若者であった。しかも、曹操の息子たちのなかで、文学の才はいっとう抜きんでていた。それが、曹操の好みにあったのだ。彼の曹植にたいする寵愛の気持ちは、銅雀台で、「登台の賦」をつくって以来、いっそうつのっていった。

銅雀台が、築かれた翌年の建安一六（二一一）年、曹植は平原侯に封ぜられて、それから三年間、その任についている。それと同時に兄の曹丕は、五官中郎将、副丞相の地位に就いている。これに比べると、兄と弟の格差ははっきりしていた。曹植の平原侯の食邑は五〇〇〇戸であったが、他の異母兄弟四人も、食邑五〇〇〇戸の諸侯についているところをみると、曹植が格別に優遇されていたわけではなかったのである。

❖後継者争い

平原はいまの山東省の平原県であるが、彼はそこに赴任せず、実際は鄴城にとどまっていたのであろう。曹植が平原侯の地位にあったのは、三年間であったが、その間父の曹操は、建安一八（二一三）年に、魏公に昇り、魏の領地の公爵となっている。曹植の周囲には徳行にすぐれ、硬骨漢として知られていた刑顒《けいぎょう》が家丞、つまり、執事として側にあり、「建安の七子」の文人応瑒《おうよう》と劉楨《りゅうてい》があいついで平原侯の文学庶子となり、彼の文学の師となっている。刑顒は曹植の奔放な行動にたいして、相当にてきびしく批判したので、彼は刑顒よりも、文学者の劉楨と気が合ったのか、これに親しんでいる。

しかし、曹操のなかには、まだ後継者に兄曹丕をすえるべきか、曹植をすえるべきか迷いがあった。格式のうえでは、兄の曹丕を立てて、五官中郎将として、副丞相に命じたが、それでも、曹操は迷っていた。それほどに、曹植を寵愛し、その煥発な才能に期待していたことになる。

曹植は二三歳のとき、建安一九年に臨菑《りんけい》侯に転封された。そのとき新たに、曹植の側近になったのが、楊修《ようしゅう》・丁儀《ていぎ》・丁翼《ていよく》らであった。彼らに共通した気持ちとして、ゆくゆくは曹植を曹操の後継者にしたいという願いがあり、それが曹丕側の側近と相続をめぐって抗争を起こす火種となった。

曹操は迷いながらも、いちおう曹丕を後継者とみられる五官中郎将に任じているので、やはり、曹丕が後継者としては、本命だとみなされるのが当然であった。それにたいして、曹操の迷いにつけこみ、その寵愛を利用して、曹植の側近の楊修、丁氏《ていし》兄弟、邯鄲淳《かんたんじゅん》、楊俊《ようしゅん》、荀惲《じゅんうん》、孔桂《こうけい》らが、後継者として曹植を擁立し、曹丕側の側近に挑戦したので、問題は複雑になり、いきおい権力闘争の気配が濃厚となってきたというのが、実情にちかいであろう。

曹丕側の支持者には、曹真《そうしん》・陳羣《ちんぐん》・呉質《ごしつ》・司馬仲達《ちゅうたつ》らの重臣が多かったが、その援護者のなかに、かつて曹植の家丞を務めていた刑顒や、曹植の妻崔氏の叔父にあたる崔琰《さいえん》らがいたところをみると、曹植のなかに、自分が兄をしのいで後継者になろうとする意志はなかったのではないかと思われる。こうした援護者を持つ曹丕の側が明らかに優勢であった。建安二二（二一七）年に、曹操は魏王となると、その魏王太子に曹丕をすえたのである。

曹植の人柄について、『三国志』魏書の陳思王伝で、史家の陳寿は、「性、簡易にして威儀を治めず、輿服・馬飾に華麗を尚《この》まず」と評しているように、ものにこだわらぬこの天才肌の詩人は、後継者問題をめぐって抗争が起こったすえに、やっと曹操が太子に曹丕を決定したばかりの時期なのに、ときには酒に酔いしれ、ときには、天子の車しか出入りを認められていない司馬門を勝手に開け放って自分の車を走らせている。これらのいささか常軌を逸した行動は、曹操をおおいに怒らせた。

曹操は曹丕を太子にしたとき、曹植にも気配りをみせて、臨菑王のまま五〇〇〇戸を増邑してやっている。それでなくとも、曹操には自分の迷いが、子供たちの側近間に対立抗争を起こさせたという自責の念があった。曹植の態度は、曹操にはみずからの決定にたいする不満と映ったであろう。これが曹操が怒った最大の理由であった。もちろん法治に厳格な彼だけに、曹植の侵犯行為がゆるせないという理由もあったであろうが、おそらくそれだけではなかったであろう。この事件は、司馬門を管轄する責任者が処刑されることで、落着したが、曹操と曹植の両方にしこりをのこした。

兄の曹丕が魏の文帝となって以後の曹植について、『三国志』魏書の陳思王伝は、「当時、藩国にたいする処遇はきびしく、属官たちはすべて商人か、才能に劣る者ばかりであり、兵士は老残の者が支給され、多くても二〇〇人の数を超えなかった。曹植は以前の罪によって、事あるごとにその半分を減らされ、一一年間に三度、封邑地を替えさせられた。つねに汲々として楽しむことなく、ついに病を発して逝去した」と記している。

❖曹植最晩年の詩

『曹子建文集』一〇巻のうち、曹植の詩で現存する作品はほぼ七〇首を数えるが、そのなかでも、とりわけ自画像的な描写が強く、運命が暗転して以後の彼自身の姿と思われるものを暗示的にえがいた詩がある。「吁嗟篇《くさへん》」と題する五言詩がそれである。

吁嗟此転蓬
居世何獨然
長去本根逝
夙夜無休閑
東西経七陌

吁嗟《ああ》此《こ》の転蓬《ころがるよもぎ》
世に居《い》る何《なん》ぞ独り然《しか》るや。
長く本根《ほんこん》を去りて逝《ゆ》き
夙夜《しゅくや》休む閑《ひま》無し。
東西 七陌《ひゃく》を経《へ》て

南北越九阡
卒遇回風起
吹我入雲間
自謂終天路
忽然下沈淵
驚飈接我出
故帰彼中田
当南而更北
謂東而反西
宕宕当何依
忽亡而復存
飄颻周八沢
連翩歴五山
流転無恒処
誰知我苦艱
願為中林草

南北　九阡《せん》を越ゆ。
卒《にわ》かに回風《つむじかぜ》の起こるに遇《あ》い
我を吹きて雲間に入れり。
自ら謂《おも》えらく天路を終えんと
忽然《こつぜん》として下りて淵《ふち》に沈む。
驚飈《きょうひょう》は我を接《まじ》えて出《いだ》し
故《ゆえ》に彼《か》の中田に帰る。
当《まさ》に南すべくして更《さら》に北し
東せんと謂《い》うに反《かえ》って西す。
宕宕《とうとう》として当《まさ》に何《なに》にか依《よ》るべき
忽《たちま》ちに亡《ほろ》びて復《ま》た存《そん》す。
飄颻《ひょうよう》として八沢《はったく》を周《まわ》り
連翩《れんぺん》として五山を歴《へ》たり。
流転して恒《つね》の処《ところ》無く
誰か我が苦艱《くかん》を知らん。
願《ねが》わくば中林《ちゅうりん》の草と為り

秋随野火燔　秋に野火に随《したが》って燔《や》かれん。
糜滅豈不痛　糜滅《びめつ》するは豈《あ》に痛《いた》ましからざらんや
願与根荄連　願《ねが》わくば根荄《こんかい》と連《つら》ならん。

ああこの風に吹かれて転びいく蓬《よもぎ》よ
この世にあっておまえだけがなぜこうなのか。
蓬ははるかにもとの根を離れ去って
朝早くから夜遅くまで休む暇とてない。
東西に七つの畦道を飛びすぎたかと思うと
南北に九つの畦道を飛び越える。
そのうち突如としてつむじ風が巻き起こり
蓬は雲間に吹きあげられる。
これなら天路の果てまで行けると思ったのもつかの間
たちまち奈落《ならく》の底へと吹き落とされた。
疾風《しっぷう》がまたもふきあげてくれて
わざわざもとの田んぼのなかに帰してくれた。

当然これなら南へ行くのだと思っていると
さらに北に行く。
東に行くのかと思っていると
あべこべに西にやられてしまう。
これでは果てしないこの空のいずこにわが身を寄せたらよいのだろうか
もう滅びたかと思うとまだあいかわらず生きながらえている。
ふわふわと漂いながら八つの大きな沢を回り
ひらひらと翻《ひるがえ》りつつ五山をへめぐる。
かく流転して定住すべき場所とてもない
このわが身の苦しみをだれが分かってくれるであろう。
いっそのこと林の中の草となり
秋たく野火に焼かれていたい。
焼けただれることはつらいことではあるが
もとの根株《ねかぶ》とつれ添うことができればそれこそがわが願うところなのだ。

この「吁嗟篇」は、風に吹かれるままに転々とする蓬に自分の境遇をたとえ、流転漂泊の苦しみをうたっているが、その底には、骨肉との離別の悲哀が一貫して流れていて、いきおい激烈な調子を帯びている。

『三国志』魏書の陳思王伝が、「一一年中にして三たび都を徙り、常に汲々として歓びなし。遂に疾を発して薨じぬ。時に年四一なり」と記すところに、正史『三国志』の注釈家の裴松之《はいしょうし》は注をほどこし、「植は常に琴瑟歌辞を為《つく》りて曰く」として、そのあとに「吁嗟篇」の詩を全部引用におよんでいる。裴松之もまた陳寿《ちんじゅ》の記事を裏づけるものとして、この詩の暗示するものが曹植の悲愁に満ちた運命であったことを読み取っていたからであろう。これからしても、この詩について多くの注釈家が指摘するように、曹植最晩年の制作になること、ほぼまちがいないであろう。

❖曹丕、魏の文帝と称す

曹操が、魏王として死んだとき、次男の曹丕は二四歳であった。魏王を受けついだ曹丕の行動は果断であった。曹操が没したその年、つまり建安二五年の末には、曹丕は後漢の献帝に禅譲をせまり、みずから魏王朝の天子となった。

年号は黄初《こうしょ》である。漢の徳とされた火を継ぐのは、当時の五行説では、土であり、その土の色は黄であることから黄初としたのである。

こうして曹丕は、魏の文帝と称し、父の曹操に追贈して、魏の武帝とした。のちに歴史家の陳寿が著した『三国志』は、曹氏魏王朝の歴史を中心に据えて、魏志、呉志、蜀志の三国の歴史を個別につづっているが、魏志から始まる『三国志』の冒頭に武帝紀をすえ、曹操一代の年代記を書きすすめたのは、そのせいである。

魏王朝はその後、文帝から明帝に継承されていくが、明帝の時代になると、実力者の司馬仲達が病弱な明帝に代わって権力を掌握するようになり、魏王朝の影はうすれていく。実はその原因をつくったのは、魏の文帝であった。文帝は皇帝権力を強化するために、身内の皇族の力をそぐ方策をとり、本来なら魏王朝をささえてゆく皇帝の力を弱体化していったのが原因であった。

文帝自身は、民政に仁の心をもって臨んだ名君であったが、身内の皇族には冷淡であった。国内の各地に配置された皇族は藩王としてあつかわれたが、皇族間の交際を禁じて皇室への対抗勢力が出現しないようにし、さかんに封地の国替えをして、名ばかりの王としてきたのが、身内の結束力を弱め、やがて司馬仲達などの実力者がのしあがってくることになる。

こうして魏の文帝が権力集中化としてとった皇族への措置が、魏王朝が弱体化して内部崩壊していく結果を招くことになった。

それは、一代で魏王朝の基礎を築いた曹操のあずかり知らぬことであった。

あとがき

これまでいろいろな雑誌に、わたしは『三国志』の時代と人物について書いてきた。そこで、『三国志』のなかで、最も魅力的な人物を一人だけ挙げよといわれれば、わたしは躊躇《ちゅうちょ》なく魏の曹操、字《あざな》は孟徳《もうとく》を名指すであろう。

その理由は、曹操が『三国志』きっての英傑であるだけでなく、当時後漢の建安時代における最高の詩人の一人であったことによる。しかしそれだけではない。今日でもそうであるが、国を造るのは、なんといっても人材である。すぐれた人材が国の建設にかかわって、初めて国はすぐれた姿をみせる。

遠い昔、三世紀の時代、わが国では卑弥呼の邪馬台国がやっと出現するかしなかったかの時代に、中国ではすでに曹操という英傑がいて、自分の魏の国を強く立派にするために、いくども「求賢令」を出して、すぐれた人材を捜し求めた。その意味でも曹操は偉大な英雄としての魅力を十分に備えていた人物であった。

後漢時代の官吏選抜の基準は、儒教的徳目にかなった人物であるかどうか、さもなくば高い門閥の出身であることが、官吏選挙の基準とされたのである。

こうした漢代の官吏任用の基準を完全に無視して、家柄とか道徳にかかわらずに、衆にすぐれた才能があれば、それを登用することにつとめたのが、魏の曹操であった。彼は、在野の遺賢を求めることにすこぶる熱心であったが、賢者に、自分とともに乱世を乗りきるだけの才能と器量を求めても、高い道徳的な品性を備えた人物であることをあえて問うことはなかった。たとえ微賤の者であっても、一技一芸において衆に卓越する才能の持ち主とみれば、喜んで迎え入れた。身分出自の高下は、彼にとって問題ではなかったのである。

曹操はおのれが死を迎えるまで、「唯だ才有る者を挙げよ」と、くり返し左右の者にいいつづけた。

建安二（一九七）年、当時、群雄の一人であった寿春に拠る袁術の軍中に混乱が生じたという情報が、曹操のもとにもたらされた。曹操は司空掾《しくうえん》の何夔《かき》に、その理由を尋ねた。何夔はかつて袁術に仕えることを求められたが、それを拒否してきた人物だけに、。何夔に尋ねたのである。何夔はあざなを叔龍《しゅくりゅう》といった。孝悌の評価高く、身長八尺三寸、謹み深く威厳のある風貌をしていたと、『三国志』魏書の何夔伝は伝えている。その彼が曹操にこたえた。

「袁術は人を信じ天に順うに実がありません。しかるに天と人の援助を望んでおります。これでは天下に志を得ることはできますまい。道義を失った君主には親戚も背くものです。まして左右の部下ならなおさらのことです。わたくしのみるところでは、袁術の軍中の混乱は事実でありましょう」

曹操は、それにうなずいていった。

「国を治めて、賢者を失えば滅亡する。君は賢者でありながら、袁術の用いるところとはならなかった。混乱も当然ではないか」

何夔のように孝悌で聞こえて信義を重んじた賢者も、曹操のもとに召されたのである。曹操の幕下に集められた賢者は多種多様であった。曹操が二一〇年から二一七年にかけて三たび出した「求賢令」をみれば、それがわかる。

『三国志』魏書の毛玠《もうかい》伝によると、当時、官吏任用の職にあった東曹掾《とうそうえん》の毛玠と崔琰《さいえん》は、曹操の「求賢令」の布告をうけて、さっそくに人材の確保にあたった。とりわけ毛玠は、世間の評判がいかに高い人物でも、その行動が本心に根ざしていない場合は、昇進の道からはずすことに徹した。

これは、官吏の選考にあたる人事担当官が世評など歯牙にもかけず、それぞれの人物の根底にある志や思想がいかにその人の行動に生かされ反映しているかを重視したことを知らしめるものであった。まず志ありきである。それをともなった行動力の評価である。これを言い換れば、意欲的な人間の行動原理を見すえた官吏選考の新なる基準の確立である。これこそ、曹操の望むところであった。これによって、郷党間の世評ばかりをだいじにしてきた漢代以来の官吏選挙の弊風が一掃されたのである。

建安一九（二一四）年の十二月に、曹操はふたたび「求賢令」の触れを出した。この「求賢令」でも曹操は信義・篤行といった儒教的徳目にかなっているかどうかで、人間の質をおしはかることはするなと戒めている。道徳的に多少の欠点があっても、現実を動かし、功業をたてていくだけの才知と胆力を備えた知謀の士を望んだのである。

曹操にとって、賢者とは、野にかくれて逸民の夢をむさぼっている賢者でもなければ、徳目高い在野に埋もれている賢者でもなかった。曹操政権をささえ、その統治基盤をゆるぎないものにし、さらに政権の規模を拡充発展させていくために必要な人材であった。

建安二二（二一七）年、第三次の「求賢令」、「賢を挙ぐるに、品行に拘《かか》わる勿《なか》れ」という布告を、曹操は出している。

いま、品徳の高い人物が野に埋もれていないとはいいがたい。勇敢にして果断で、生命をかえりみず、敵にあうと力をふるって死ぬまで戦う人物。もしくは下級官吏でありながら、抜群の才能と優秀な素質をもっている人物。もしくは将軍・郡守の仕事ができるのに名声を好まず、その行為が人のもの笑いの種になっている人物。もしくは不仁不孝であっても、治国用兵の術をもっている人物。このような人物を知っている者は自分で推挙することで、遺漏《いろう》がないようにしたい。

これは、曹操が死を迎える三年前の発言である。従来から、すでに彼が提唱してきた官吏選考の方針に、なんらかの変更もない。品徳の高い人間といっておきながら、不仁不孝であっても、国を治め兵を用いる術がある人物といっているのは、矛盾しているではないかとみるむきもあろうが、曹操は儒教的徳目を否定しているのではなく、それがなくとも、政治と軍事にすぐれた才能を発揮できる人材発掘を強く訴えている。その訴えは、度重なるごとに、切実味をおびている。『三国志』武帝紀の注に引く魏書という書物は、曹操自身の人材登用の力量について、こう評価している。

曹操は人物を見分ける洞察力にすぐれていたから、見せかけだけで彼を欺くことは難しかった。于禁《うきん》・楽進《がくしん》を軍隊のなかから抜擢し、張遼《ちょうりょう》・徐晃《じょこう》を敵の捕虜のうちからとりたて、彼らはいずれも建国を助けて功績を立て、名将に列せられた。その他、卑賤の身から抜擢をうけて郡牧や太守に昇った者は、数えきれぬほどであった。

曹操の人材選考の方針は能力主義、知略重視主義であったが、あくまで曹魏政権の安定と発展に人材を役立てるためであった。たとえ曹魏政権の創成にあたって大きな功績を立てた者でも、曹魏政権の野望拡大に不利に働き、それを阻止する者が現れたとき、曹操は容赦なく処断した。

曹操が華北中原地域の覇者にのぼりつめるまで、その片腕とし参謀として活躍した最大の功労者である荀彧《じゅんいく》までが、曹操によって自殺に追い込まれたのは、曹操が魏公となることに、荀彧が反対したからである。

建安一〇年に、曹操は孔融《こうゆう》を殺した。孔融は孔子二〇世の孫で、当時の名士であった。『後漢書』の孔融伝をみると、「士を好み、善く後進をもりたてた。閑職に退いても、賓客は毎日、彼の門にみちあふれた」とあり、「賢士を推薦し、多くの者を出世させた。善い人を知ってい て薦めずにいることを、自分の過ちのように思っていた。それで天下の英俊はみな孔融に心服した」とも伝えている。

曹操が実権を握っている当時でも、後漢の王朝は存在していた。孔融は名士として人材を選抜し、曹操のもとに推挙した。しかしながら、この孔子の血を受けついだ名士は、当時もっとも名望のあった豪門の楊氏を支持していた。豪門大族の家柄の者よりも、現実に生かすことのできる学才を重んじた曹操にとって、なにかと批判的な孔融は邪魔な存在であった。

曹操の官吏選考、人材登用の方針をみるかぎり、豪門大族であるとか、儒教的徳目にかなった者だとかという問題にかかわりなく、そこに一貫して合理主義の態度があった。それが豪門地主層、大族貴顕の官界への進出を阻止する一定の役割を果たしていた。そういう意味で、実力主義で多くの知略の士や豪勇名将の士を自分の幕下に集めることのできた曹操の官吏選挙の方針は、はるかに時代を先取りして、革新的であった。

すぐれた人材こそが、国を育てるという曹操の意識が魏を強くした。しかもそこには曹操という人物の魅力が存在していた。そのことはいつの時代でも変わらない。

なお、このたび稿を起こすにあたって、吉川幸次郎氏の『三国志実録』、竹田晃氏の『曹操——その行動と文学』、川合康三氏の『曹操——矛を横たえて詩を賦す』を読み、学ぶことが大きかった。

最後になったが、曹操を書くように勧めてくださった清水書院の編集部部長の中沖栄氏にはたいへんお世話になった。厚く御礼申し上げて、このあとがきを終えることにする。

平成三十一年一月吉日

林田　愼之助　識

曹操 年譜

西暦	年号	年齢（数え）	曹操の関連事項
一五五	永寿 元	1	曹操生まれる。
一六一	延熹 四	7	劉備生まれる。
一六六	九	12	党錮の獄起こる（第一次）。
一六八	建寧 元	14	劉宏、即位して霊帝となる。
一六九	二	15	党錮の獄起こる（第二次）。
一七四	熹平 三	20	曹操、孝簾にあげられ、洛陽北部都尉となる。
一七七	六	23	曹操、頓丘令、議郎となる。
一八一	興和 四	27	諸葛孔明生まれる。
一八二	五	28	孫権生まれる。
一八四	中平 元	30	黄巾の乱起こる。 曹操、騎都尉となり、潁川の黄巾軍を攻め、済南の相となる。
一八八	五	34	曹操、典軍校尉となる。
一八九	六	35	霊帝崩ず。皇太子弁、即位して少帝となる。 何進、宦官に殺される。 袁紹、宦官を誅滅す。 董卓、入洛して少帝を廃し、陳留王劉協を立て献帝とする。 董卓、相国となる。
一九〇	初平 元	36	関東の州郡、反董卓の義兵を起こし、袁紹を盟主に推す。

一九一		二	37	曹操も反董卓の義兵に参加、滎陽で董卓軍と戦い敗北。 董卓、太師となり、都を長安に遷す。 孫堅、入洛して漢の宗廟を修復す。 劉備、平原の相となる。 曹操、東郡太守となる。
一九二		三	38	董卓、王允・呂布に謀られ殺害さる。 曹操、兗州刺史となり、青州黄巾軍三〇万を収む。
一九三		四	39	孫堅、荊州に黄祖を討ちて襄陽に死す。 袁紹と袁術離反。 曹操、袁術を討ち、大勝利をおさむ。
一九四	興平	元	40	曹操の父嵩、陶謙に殺さる。 曹操、徐州牧の陶謙を討つ。留守中に兗州で張邈と陳宮が呂布を迎えて謀反を起こす。 劉備、徐州牧となる。
一九五		二	41	曹操、呂布を破り、兗州の牧となる。 呂布と陳宮、徐州の劉備のもとに逃走。
一九六	建安	元	42	曹操、献帝を迎えて許に都をおく。司空、車騎将軍となる。 曹操、はじめて屯田制を施行。
一九七		二	43	曹操、張繍を攻める。 袁術、帝号を僭称。曹操、これを破る。
一九八		三	44	曹操、張繍を破る。 呂布、袁術と謀り、劉備から徐州を奪う。

（一九八）	（建安三）		劉備、曹操に帰す。
			曹操、劉備とともに呂布を討ちて誅し、徐州を制圧。
一九九	四	45	劉備、董承と謀り、曹操の命をねらう。
二〇〇	五	46	曹操、白馬、延津、官渡で戦い、袁紹の大軍を破る。
			董承、劉備の曹操暗殺計画発覚、董承、殺さる。
			曹操、東征して劉備を討つ。劉備、冀州の袁紹のもとに走る。
			関羽、曹操に捕わる。
二〇一	建安 六	47	曹操、南征して汝南で劉備を討つ。劉備、荊州に走り、荊州牧劉表に帰す。
二〇二	七	48	曹操、譙に帰り、また北征して、袁紹・袁譚・袁尚父子を討つ。袁紹、病死す。
二〇三	八	49	曹操、郡国に校官を置き、修学を徹底させる。
二〇四	九	50	曹操、袁尚を鄴に破り、冀州牧となる。河北に租賦を免ずる令を出す。
二〇七	一二	53	曹操、袁熙・袁尚を追って烏桓を征討。
二〇八	一三	54	曹操、南征して劉表を討つ。
			劉表、病没。子の劉琮、曹操に降る。
			劉備、南に逃れ、当陽長阪で曹操の追撃をかわし、孫権と同盟す。
			劉備、周瑜の連合軍、曹操軍と長江の赤壁で激突。
			曹操、大敗して北に還る。
二〇九	一四	55	劉備、荊州牧となり、孫権の妹と結婚。孫権、合肥を囲む。
二一〇	一五	56	曹操、「求賢令」「述志令」を発す。銅雀台を鄴に築く。
二一一	一六	57	曹操、二男の曹丕を五官中郎将・副丞相に任じ、三男曹植を平原侯に封ず。
			曹操、関西を征討し、馬超・韓遂を討つ。
			劉備、益州牧の劉璋の招きに応じ巴蜀に入る。

二一二	一七	58	孫権、都を秣陵に還し建業と改名。 曹操、孫権を討ちて濡須に至る。荀彧、自殺す。
二一三	一八	59	曹操、魏公となる。
二一四	一九	60	劉備、成都を包囲、劉璋を破り、益州牧となる。 曹操、謀反を企てた伏完を殺す。
二一五	二〇	61	曹操、張魯を討ち、鎮西将軍に登用、漢中全域を掌握す。 劉備、孫権と和睦、湖水を界に荊州を分割支配す。
二一六	二一	62	曹操、魏王となる。崔琰、毛玠自決す。
二一七	二二	63	曹操、大軍を合肥にとどむ。 孫権、曹操と和解す。
二一八	二三	64	劉備、張飛・馬超・黄権らの諸将を率いて、漢中を攻撃。
二一九	二四	65	劉備、夏侯淵を破り、漢中王となる。 曹操、漢中を放棄して、長安に還る。 関羽、曹仁を樊城に囲み、于禁を捕え龐徳を殺す。 曹操、孫権と結んで関羽を攻めて殺す。 孫権、曹操に臣従し、荊州牧となり、南昌侯に封じらる。
二二〇	建安　二五	66	曹操、洛陽で病没す。 曹丕、献帝より禅譲し、魏の文帝と称す。
（〃）	魏黄初　元		曹操に武帝を追贈。

さくいん

【た】

【ち】

【て】

【と】

新《しん》・人《ひと》と歴史《れきし》　37
『三国志《さんごくし》』の英雄《えいゆう》　曹《そう》　操《そう》

定価はカバーに表示

2019年４月15日　　初　版　第１刷発行

著　者　林田《はやしだ》　愼之助《しんのすけ》
発行者　野村　久一郎
印刷所　法規書籍印刷株式会社
発行所　株式会社　**清水書院**
〒102－0072
東京都千代田区飯田橋3－11－6
電話　03－5213－7151㈹
FAX　03－5213－7160
http://www.shimizushoin.co.jp

カバー・本文基本デザイン／ペニーレイン
乱丁・落丁本はお取り替えします。　ISBN978―4―389―44137―1